Manual de meditación

Colección LA OTRA CIENCIA

Jack Schwarz

Manual de meditación

Ediciones Roca, S. A.

Título original: *Voluntary Controls*
Traducción al español por: Victoria Argimón
De la edición en inglés de E. P. Dutton, Nueva York, USA.

Edición hecha con autorización y por cuenta de Ediciones
Martínez Roca, S.A., Gran Vía 774, 7a. planta, 08013 Barcelona,
España, para Ediciones Roca, S.A.

ISBN 968-21-0411-4
ISBN 84-270-0895-3 (Ediciones Martínez Roca, S.A.)

Impreso en México

Printed in Mexico

Índice

Dedicado a mis padres, Magda y Bertus Schwarz, y a Gertrude y Herbert Scheller

AGRADECIMIENTOS

Desearía dar las gracias en particular al doctor Elmer Green y a su esposa, Alyce Green, por la fe y confianza que pusieron en mí durante toda la investigación que realizamos juntos en la Menninger Foundation, así como por su continuo apoyo.

Gracias a mis editores de E. P. Dutton, Bill Whitehead y Pat Murray; a Joan Lynn Schleicher y Dick Rose por sus ideas y ayuda durante la pre-edición, y a Robert Briggs por hacer posible este libro. Por las ilustraciones doy las gracias a Eric Jungerman; por la investigación en los laboratorios Langley Porter a Kenneth R. Pelletier, y por el magnífico prólogo y su cariñosa solicitud a Gay Luce. A mi compañera, Lois A. Scheller, que parecía estar en segundo plano, pero que dio mucho de su tiempo, su amor y su paciencia para apoyarme en todo mi trabajo durante los diez últimos años, y que también ayudó pacientemente a que este libro fuera una realidad.

Prólogo

Me es particularmente difícil escribir sobre alguien a quien quiero y respeto, que tanto me ha enseñado sobre mis actitudes, que me ha dado técnicas que ahora considero como hábitos propios de pensamiento, e ideas que parecen ser las mías propias, junto con un estímulo continuo al crecimiento. Resulta duro admitir que he tardado tanto tiempo en recorrer su profundidad, pues Jack Schwarz es un inspirado maestro en el sentido más elevado. Debido a sus dotes de actor y a sus actuaciones en público, he tardado mucho tiempo en reconocer lo que él es realmente. Como este libro evidencia, Jack no sólo es un maestro inspirado, con poderes inusuales sobre su sistema nervioso y con facultades psíquicas, sino también un hombre comprensivo, un maestro amable y generoso, que proporciona en este libro una explicación de los métodos que ha utilizado para obtener sus poderes. Esta obra es un don especial para cualquiera que la lea, pues ofrece las llaves de la salud óptima, y una visión en la que debe quedar claro que salud y desarrollo espiritual son sinónimos.

Jack constituye una inspiración especial para todos cuantos le conocen, ya que es la prueba viviente de su propia filosofía, y un modelo de la salud que él proclama. Sólo necesita un par de horas de sueño cada noche, come con frugalidad, trabaja intensamente, y expresa una alegría y una energía ilimitadas. Su salud es el resultado de una vida íntegra y consciente, sobre la cual él asume plena responsabilidad. Hace lo que aconseja a los demás. Controla su conducta y sus sentimientos cuidadosamente, y mantiene un libre flujo de energías utilizando los métodos que describe en este libro. Durante los últimos diez años, muchos de sus estudiantes han sido médicos, enfermeras y otros profesionales de la salud que asistían a su curso anual en la Universidad de California (San Francisco), o a sus muchos seminarios y talleres. A diferencia de Jack, la mayor parte de estos profesionales habían tenido muchas experiencias estando enfermos o en condiciones inferiores a las óptimas. Sin embargo, acudían con las limitaciones de una visión mecanicista del cuerpo, conscientes de que necesitaban información y técnicas para poner en práctica una visión más holística. Entre este público, la erudición de Jack en medicina natural era muy apreciada, pero a menudo sobrevalorada en relación con su conocimiento espiritual.

Grandes grupos de personas eran atraídos por las proezas del control voluntario de Jack. Solía tenderse en una cama de clavos como prefacio a una charla, permitiendo al público inspeccionar al final las punturas cicatrizadas. En una versión más sofisticada y científica de este procedimiento de shock, se clavaba una aguja de hacer punto en el antebrazo, en los laboratorios de la Menninger Foundation o en los Langley Porter, y preguntaba si debía permitir que sangrara o no, mientras una serie de detectores registraban su frecuencia cardiaca, sus ondas cerebrales y otras funciones fisiológicas. Se le menciona en muchos artículos y libros por el control voluntario de su sistema nervioso, pero habitualmente el mensaje que le lleva a llamar la atención se omite. Como resultado, ha sido

14

descrito como un fenómeno singular, y ha sido mal comprendido y subestimado. Aquellas célebres demostraciones eran sólo, naturalmente, los efectos secundarios de su conocimiento espiritual, e ilustran lo que cada uno de nosotros podría hacer si estuviera más en armonía consigo mismo.

Desde su más tierna infancia, Jack parece haber tenido confianza en alcanzar esta armonía. Lo que aprendió lo aprendió solo. A los nueve años se dio cuenta de que podía poner sus manos sobre una persona enferma y hacer que ésta se sintiera mejor. Cuando Jack leyó acerca de un faquir que se tendía en una cama de clavos, lo probó, impertérrito ante el hecho de que no fuera eso lo que hicieran los demás chicos holandeses de su edad. Al vivir en la Holanda inmediatamente anterior a la guerra mundial, no tuvo maestros que le guiaran, ni una larga tradición que le diera confirmación y apoyo. Simplemente, leía todo lo que podía encontrar en la biblioteca acerca de estos fenómenos inusuales, y practicaba durante horas por su cuenta. Descubrió que tenía muchas facultades conocidas como psíquicas.

Eso significa que Jack prestaba atención a sus voces interiores, mientras que la mayoría de nosotros no lo hacemos. Ciertamente, puedo recordar penetraciones «psíquicas» que tuve de niño, junto con un sentido de unidad con el universo natural al que, como tantos adultos, presté cada vez menor atención, a medida que me hacía mayor. Desvié la atención de mí mismo al mundo exterior, cambiando mi propia verdad por los instrumentos de supervivencia, sociabilidad y trabajo escolar. A la misma edad en que mi intuición se debilitaba, Jack se escuchaba a sí mismo con cuidado y practicaba la concentración. Descubrió que podía hipnotizar a distancia, intuir lo que la gente estaba pensando y ver las auras. Estos poderes le impulsaron a un aprendizaje más profundo. Puso en estos estudios interiores la misma energía que la mayoría de nosotros reservamos para nuestras profesiones. Su profesión era el conocimiento interior, aunque tuviera a menudo tra-

15

bajos insólitos, como el de datar antigüedades, para mantener a su familia. No se trata de la imagen popular de desdoblamiento de un maestro espiritual. Los detalles son demasiado familiares para ser impresionantes.

Jack no tiene ninguna iglesia ni dogma como sostén, ni tradición antigua, ni secretos, ni pompa alguna con deidades simbólicas complejas. En resumen, no tiene ninguna mística, y extrañamente somos desconfiados con la gente a quien podemos entender. Al carecer de una mística pintoresca y no tener tradición antigua para afirmar su validez, su mensaje no ha recibido la misma atención que el de un gurú extranjero, aun cuando lo esencial de ambos mensajes sea lo mismo. El problema es que entendemos su aspecto superficial, su idiosincrasia en el vestir, su costumbre de fumar, su ligero acento holandés, los momentos en que muestra un poco de orgullo o de ego. Jack dirige su proceso ante nuestros propios ojos y comparte con nosotros el proceso de desarrollo de un occidental. Nos permite seguir su propia transformación de un modo que nos da confianza a todos. Ahora que ya no tiene que tenderse en una cama de clavos para que le demos crédito, usemos los métodos que nos ofrece aquí para nuestra propia vida.

¡No hay ningún libro como éste! La mayoría de los hombres de conocimiento, incluyendo a los más grandes maestros, no se han tomado la molestia de exponer las etapas de la práctica de meditación de modo tan simple y explícito para que cualquiera, incluso quien carezca de educación, pueda aprender de ellos a desarrollar su conocimiento. Jack es un maestro y es con enorme paciencia, generosidad y amor como ha podido escribir este libro de modo que todos nosotros podamos usarlo. No es un libro para leerlo rápidamente, sino un libro de trabajo, que puede tener efectos poderosos si se practica en orden, durante un período de meses. Cualquiera que tome en serio su desafío, es probable que empiece a sentir poderes que normalmente atribuiría a gente especial, «psíquica». Además, quien practique las meditaciones sentirá pronto la

alegría de usar sus propios poderes más plenamente, escuchando su intuición y su sensibilidad paraconsciente. A diferencia de muchos libros occidentales de meditación, éste ha sido elaborado y comprobado por más de una década de estudiantes. La simplicidad de Jack constituye un testimonio de su paciencia y su dedicación como profesor. Cuando eres un maestro, es difícil recordar el comienzo con detalle y transcribir las etapas de niño en orden, después de que tú mismo hayas aprendido a correr. No obstante, son precisamente tales etapas las que hacen tan práctica esta obra.

Hace diez años, en una conferencia en Kansas, Jack dio a conocer a unos cuantos de nosotros algunos de los ejercicios de chakra de este libro. Por aquel tiempo, yo no tenía experiencia, y apenas sabía relajarme. Inevitablemente, encontraba los ejercicios tan frustrantes como interesantes, pues no podía visualizar los colores y formas como lo hacían los demás. Por mi propia cuenta di por sentado que yo formaba parte de esa gente especial que no puede hacer estas cosas. Más tarde, cuando todavía no podía relajarme mucho, ni sabía concentrarme, traté de seguir las instrucciones de Jack para estimular la energía y colocar un cono de luz a mi alrededor. Junto con las demás personas del grupo, estaba convencido de que no había experimentado prácticamente nada, pero cedí a la insistencia de Jack en que lo hiciera a mi modo y practiqué, imaginando que podía sentir y ver la luz.

Por aquel entonces yo vivía en el alto West Side de Nueva York, y al volver del campo me sentía vulnerable. Una noche iba caminando por Broadway, rodeado por la habitual muchedumbre de drogadictos, yonquis y paranoicos. Aunque dudara de mis facultades para meditar, rápidamente coloqué una espiral de luz a mi alrededor y noté un cambio instantáneo. En una palabra, confianza. Nadie violaba mi espiral, y podía pasear cómodamente, animado e interesado en vez de paranoico. Menciono este momento porque es típico del sentido práctico de Jack. La meditación, como él insiste, no es algo que hagas pasiva-

mente en el aseo o en una esquina; es un modo de aportar mayor conocimiento, responsabilidad y armonía a la propia vida. También es cierto que resulta más fácil hacer los ejercicios en orden. A menos que hayas estado meditando mucho, probablemente no querrás pasar por alto este libro. Salvo en el caso de que hayas desarrollado tus técnicas, el problema que supone empezar sin orden es que entonces puedes encontrarte ante el tipo de frustración que sentí cuando me tropecé con una de las sofisticadas visualizaciones de Jack, antes de saber respirar y relajarme, y no digamos concentrarme.

La mayoría de profesores de meditación te dirán que respires con calma y de modo uniforme, pero rara vez te dirán cómo. Representa una ayuda inapreciable el tener los ejercicios de respiración expuestos en detalle como lo están aquí. Al principio encontré difícil la respiración paradójica, pero pronto se convirtió en una enorme ayuda para cambiar inmediatamente mi estado de conciencia. Del mismo modo, el consejo de Jack sobre las posturas para sentarse es lo bastante indulgente como para permitir que todos estén cómodos. Estuve un año tratando de sentarme en la postura de medio loto sobre un cojín de meditación redondo, y acabé con un problema de rodillas que me obligó a consultar a un ortopedista. Jack terminó teniendo un armario lleno de cojines de meditación, de otros estudiantes tan poco acostumbrados como yo a sentarse con las piernas cruzadas. Como dice Jack, no existe ninguna ventaja especial en tener problemas ortopédicos.

A diferencia de la mayoría de los profesores, Jack insiste en que no aprendes porque se te enseñe, ni siguiendo a un maestro o a una autoridad, ni siquiera haciendo los ejercicios de este libro precisamente como se te proponen. Por el contrario, eres tú la parte activa. Debes juzgar por ti mismo. Si te escuchas con atención, puedes cambiar los ejercicios para que se te adapten mejor, o usar esta información para idear los tuyos propios.

Este libro constituye un instrumento para ayudarte a

conseguir una profunda honestidad contigo mismo, y para abandonar tus prejuicios y autocríticas opresivas, de modo que puedas liberar tus energías y tu creatividad. Al prestar atención a tus intuiciones en vez de a las voces de la sociedad, empezarás a darte cuenta de que tu yo más elevado puede tomar el mando y de que estás en un trayecto evolutivo apasionante, arriesgado e irresistible, que dura toda la vida. Negarlo supone preferir la enfermedad a la salud. Leer y estudiar este libro constituye el primer paso hacia la afirmación de tu verdadero ser.

GAY LUCE

1. Mediando y meditando

La meditación constituye un instrumento para ayudar a resolver problemas y alcanzar objetivos en nuestra vida cotidiana. Sin embargo, muchos que han obtenido el instrumento de meditación ¡nunca lo usan realmente! No sólo pierden ese valioso recurso, sino que también tienen algunas dificultades en conciliar sus vidas cotidianas con sus experiencias de meditación. La meditación creativa es una forma *activa* de meditación que empieza como una práctica o ejercicio específico, pero que finalmente llega a ser un modo de vida.

Es temerario usar cualquier instrumento sin conocerlo bien. Y esto es tan cierto respecto de las técnicas de meditación como del uso correcto de una sierra de cadena. No podemos contar con aumentar su eficacia y minimizar sus peligros hasta que no aprendamos sobre ella todo lo que podamos. Lo primero que hay que saber es para qué se usa el instrumento. En este capítulo describiré en qué difieren la meditación activa y la pasiva, cómo puede la meditación activa aumentar nuestra creatividad y asimismo ayudar a conservar la buena salud.

Quienes practican la meditación pasiva se cargan de energía, permaneciendo tranquilos y receptivos. A menudo, lo primero que ocurre como resultado de este ejercicio es lo que los psicólogos humanísticos han denominado *experiencias cumbre*. Éstas se describen como experiencias de felicidad, alegría, expansión de conciencia o profunda espiritualidad. Cuando se les pide que expliquen cómo les afecta su meditación, los que la practican responden a menudo: «No lo sé exactamente, pero me siento muy bien». Sin embargo, el único cambio en sus vidas es que de vez en cuando pueden elevarse con el recuerdo de la experiencia cumbre.

Al seguir meditando, empiezan a producirse fenómenos menos deseables. Pueden llegar a aterrarse por agobiantes sentimientos de alienación y soledad. Visiones de demonios y luchas con fuerzas amenazadoras empiezan a llenar el mundo en el que antes habían vislumbrado el cielo. Al llegar a este punto, mucha gente empieza a dudar de que esté meditando correctamente. Si dudan o se asustan demasiado, puede que dejen de meditar. Cuando su meditación deja de mostrar apariciones de alguien como Jesucristo o Krishna, la decepción y la ansiedad les agobian. El resultado de sus esfuerzos es que después de un breve florecimiento, la alegría de vivir ha desaparecido de nuevo. La gente que antes caminaba por todas partes con los ojos levantados hacia el cielo empieza a parecer muy deprimida. Pregúntales si todavía meditan y te dirán: «No; la cosa ya no marcha». Si tienen el valor de probarlo de nuevo, por lo general se ponen muy nerviosos. Lo que ha ocurrido es que han dejado que entrara toda su energía y que les cargara, pero no han hecho nada con ella. Resultado: la energía acumulada les afecta de modo negativo, primero emocionalmente y luego fisiológicamente.

Los que no pueden integrar las experiencias negativas de la meditación con las experiencias cumbre nunca sabrán lo que es la meditación realmente. Tienen la idea de que la meditación les acercará a la realidad o a Dios, o que les dará tranquilidad de ánimo, y al mismo tiempo albergan expectativas concretas sobre lo que estas experiencias debieran ser. Desde esta perspectiva, la meditación pasiva se convierte en una forma de culto, y quien la practica quiere ver solamente los aspectos positivos de Dios. Cuando este meditador tiene una visión de lo positivo y lo negativo juntos (el ciclo creativo y destructivo del universo), no le es posible hacer frente a esa situación. El problema se evita cuando el meditador ve más allá de un papel pasivo y actúa recíprocamente con las imágenes de la meditación.

La meditación creativa no es el silencio receptivo que la mayoría supone que es, sino la acción de convertirse en un mediador entre los contrarios, entre «el arriba y el abajo», el cosmos y el hombre, lo positivo y lo negativo. Cuando medito, soy responsable de la misión de integrar todo lo que ocurra durante mi meditación, ya sea una experiencia cumbre o una experiencia traumática. Intento ver más allá de las interpretaciones conceptuales que mi mente racional hace de cada experiencia, y busco maneras de aplicar mi meditación a situaciones que se me presenten en la vida cotidiana. Meditar supone, pues, ser un mediador responsable.

Para mí, la *t* adicional (con respecto a *mediación*) en la palabra *meditación* constituye una imagen de la cruz tau, un antiguo símbolo de responsabilidad y compromiso. En la primitiva religión egipcia, se obligaba a los neófitos a sufrir la dura prueba de ser atados a la cruz. Ésta formaba parte de la ceremonia que les iniciaba en los misterios de Osiris. Se esperaba este gesto de total compromiso con la responsabilidad que acompaña al conocimiento antes de que la verdad les fuera revelada. Para llegar a ser iniciados, no sólo tenían que recibir el conocimiento, sino que tenían que actuar conforme a él. De ese modo, llegaban a ser mediadores en vez de adoradores.

No presento este ejemplo para negar la importancia de la adoración. Pero quiero señalar que hay una diferencia entre adorar practicando la presencia y adorar venerando. Lo primero te conduce a una unión dinámica con lo que adoras; la veneración te mantiene separado de ello. Con demasiada frecuencia, pensamos que ser religiosos significa venerar a Dios en un lugar determinado, durante cierto tiempo y de una forma determinada. Para mí, eso es tan engañoso como la idea de que meditar consiste en sentarse pasivamente y esperar la iluminación.

He comprobado que necesito adorar siempre. Veo un valor en las cosas a las que de otro modo quizás no se lo hubiera dado: en las flores, los árboles, las nubes, el cubo de basuras... Veo un valor en todas las cosas, y las adoro porque forman parte de un todo, pero nunca las idolatro. Necesito vivir a Dios, al cosmos y al universo, y no separarme de ellos sentándome, fijando la mirada y diciendo «aleluya». Adorar quiere decir estar implicado de forma activa y actuar recíprocamente. Podemos ser mediadores cuando adoramos y meditamos. Cuando asumimos ese papel activo, lo vivimos en cada momento, y no sólo en momentos designados previamente. Todo en la vida resulta afectado, especialmente nuestra salud y nuestro estado de ánimo.

Todo lo que sentimos, vemos o experimentamos en el curso de la vida vive dentro de nosotros. Las experiencias que se absorben pero no se digieren forman un residuo que entorpece nuestro funcionamiento psicológico, casi del mismo modo como el colesterol puede obstruir nuestras arterias. La meditación pasiva estimula el flujo de energía, y cuando la energía se precipita por nuestras arterias psicológicas, todo ese residuo empieza de pronto a soltarse agitadamente. De forma consciente, lo experimentamos como traumas que aparecen bajo toda clase de abominables disfraces. Muchos manuales de meditación nos dicen que no hagamos caso si estas experiencias negativas ocurren; sin embargo, si las reprimimos, no harán sino salir a la superficie cada vez que meditemos. Saldremos de la meditación con el recuerdo de que fue negativa, y con la inquietante expectativa de que la próxima meditación también lo será. La única manera de dejar de repetir esta situación es reciclando el material negativo. Podemos disolver los traumas, dándonos cuenta de que la energía acumulada en su interior puede ser transmutada y liberada, si tomamos parte activa en la meditación.

He comprobado que la meditación creativa constituye el método con el cual disuelves las formas concretas de las experiencias negativas y comprendes que son la compensación por las experiencias cumbre. Ambas clases de experiencia constituyen un todo que debemos abarcar si deseamos desarrollar una conciencia equilibrada.

Imagina una situación en los negocios en la que estás, de pronto, abrumado por un problema que no sabes resolver. En la meditación creativa, sitúas el problema fuera de ti mismo. Ya no estás afectado personalmente. No es *tu* problema; es *un* problema que pertenece al mundo del que surge. Desde esta perspectiva, podrás enfrentarte a él de un modo desapegado, impasible y no subjetivo. Tus reacciones serán enérgicas y positivas, al no ser ya personalmente vulnerable a la situación. Gracias a haberte convertido en un embajador consciente tanto del lado positivo del asunto como del negativo, puedes armonizar ambos aspectos.

La meditación creativa origina un foco donde neutralizar e integrar todas las facetas de tu vida; es un instrumento práctico, más que un estado pasivo de adoración. Puedes usarlo para resolver problemas, pero también te beneficiará de un modo más directo, ayudándote a desarrollar una perspectiva de la vida que dé armonía a tu cuerpo y a tu mente. Una salud mejor es una de las recompensas más gratas de la meditación activa; la enfermedad constituye una seria manifestación del material traumático reprimido. Por eso, cuando realizas una interacción con cada experiencia vital, tal como ésta se da, nada puede reprimirse hasta el punto de formar un charco estancado de energía, que termina por desorganizar el normal funcionamiento de tu cuerpo. Usando la meditación como modo de aprender sobre nosotros mismos, pronto llegaremos a entender cómo se origina la enfermedad y cómo podemos evitarla.

En el mundo médico, existe hoy un creciente interés por el llamado control de la mente sobre el cuerpo, como se pone de manifiesto en la literatura sobre medicina psicosomática. En mi propia experiencia con este fenómeno, he comprobado que «control» es un término inapropiado para lo que en realidad sucede cuando la gente se cura un dolor de cabeza o experimenta la remisión de un tumor maligno de manera aparentemente milagrosa.

Cada uno de nosotros tiene la capacidad de poner de manifiesto el poder de la mente sobre la materia. Ahora bien, antes que nada debemos entender en qué consiste realmente este poder. No es una fuerza, a pesar de que ocasione un flujo de energía. Es ilimitado, pero extremadamente sutil. No se trata de control ni de poder en el sentido autoritario; es más bien lo que yo denomino *volición pasiva*, si se quiere, o *controles voluntarios*.

La volición pasiva supone un tipo de fuerza de voluntad, pero su fuente es la clase de voluntad que alcanzamos cuando actuamos como mediadores responsables. Aunque describiré tan complicado concepto en este mismo capítulo, debes descubrir la volición pasiva en tu experiencia propia antes de poder entenderla por completo. Las técnicas e ideas que se presentan en este libro están destinadas a ayudarte a descubrir este y muchos otros recursos escondidos en tu interior.

Cuando me di cuenta de mi capacidad de utilizar la volición pasiva, la usé para demostrar a la gente cómo podemos inducir a nuestros cuerpos a reaccionar a los estímulos externos de modos inusuales. Durante mis primeros años de conferenciante, solía empezar las charlas tendiéndome en una cama de clavos bien separados. Luego me levantaba e invitaba al público a examinar las punturas que los clavos habían hecho en mi cuerpo. Seguidamente, les explicaba nuestras posibilidades de controlar el flujo sanguíneo, deteniendo o activando el sangrar de las heridas. A pesar de que los clavos nunca estaban esterilizados, en ninguna ocasión se me infectó una herida.

Para entonces, mi público ya descartaba sus ideas preconcebidas sobre el mundo y sobre sí mismos; estaban dispuestos a recibir conceptos nuevos. En la conferencia que seguía, trataba de hacerles ver su potencial creativo y sus represiones autoimpuestas, que les impedían llevar una vida más plena y feliz. Después les describía cómo cada uno de nosotros está conectado a toda la vida a través de nuestra naturaleza esencial, que es espíritu.

Estas ideas no son fáciles de comprender para la mayoría de nosotros, porque nuestras actitudes nos han predispuesto contra cualquier realidad que no sea las formas más densas y concretas de energía. Solamente la demostración innegable de un hecho contrario a esta visión limitada del mundo parece abrir la mente y el corazón de la gente. Después de mi conferencia, pedía de nuevo al público que examinara las punturas, porque para entonces los agujeros habían cicatrizado, o mejor dicho, yo había querido que se cerraran sin daño para el cuerpo.

El público de hoy no necesita estas terapias de choque para abrirse a nuevas ideas. Ya no necesito demostrar los aspectos extraordinarios de la mente sobre la materia, salvo en los laboratorios donde los científicos tratan de entender la complejidad de las interacciones entre la mente y el cuerpo. Esta nueva receptividad no ha llegado por casualidad. Muchas demostraciones bajo condiciones controladas en laboratorio han preparado el camino. En cierta ocasión participé en un experimento en el que controlábamos los efectos fisiológicos sobre mi mente y mi cuerpo cuando me atravesaba el brazo con una aguja de hacer punto. Lo que pretendíamos, fundamentalmente, era ver si mi capacidad para agujerear mi cuerpo sin sentir dolor se debía a que bloqueaba la experiencia mentalmente o a que de verdad impedía que mi cuerpo se traumatizara.

He aquí la descripción grabada del experimento (de la película *Mente y mano*, correspondiente a la serie de la C.B.C. *La naturaleza de las cosas*, número 974):

Se ha pedido a Jack S. que cierre los ojos y adopte un estado de meditación. Unos electrodos sujetos a su cuero cabelludo y a otras zonas de su piel controlan un número de parámetros físicos. Si experimentara dolor o ansiedad en cualquier punto, a lo largo de la prueba, habría que esperar un rápido cambio en las lecturas del contador. Jack no recibe ayuda de nadie, como tampoco ninguna información de biorrealimentación.

Partiendo de una línea por encima de 13 ciclos por segundo, el registro muestra ahora un aumento gradual en la frecuencia alfa. Como demostración del control voluntario de un estado de dolor, vamos a pedir a Jack que atraviese completamente su bíceps izquierdo con una aguja de hacer punto no esterilizada, de ancho diámetro, acero calibre 24 a 26. Un factor importante que hay que señalar aquí es que no ha habido preparación previa alguna, y que Jack no está en estado hipnótico. Jack dice: «Voy a atravesarme el brazo con esta aguja. No tengo ningún lugar específico por donde hacerlo; la voy a introducir por aquí y a empujarla para que salga por el otro lado. Ahora atraviesa el brazo por completo».

Una luz roja destellante no muestra cambio alguno en el ritmo del corazón; no se registra tampoco ningún cambio en la temperatura de la piel. El registro del electroencefalograma no muestra indicación alguna sobre estrés de ninguna clase. A pesar de que la aguja ha sido introducida por el brazo, Jack S. puede también detener mentalmente el flujo de sangre que debería producirse. Las pequeñas marcas dejadas por la aguja cicatrizan muy rápidamente. Esto es la acción de la mente sobre la materia, en un grado sumamente significativo.

En este experimento llevado a cabo en el Langley Porter Neuropsychiatric Institute de San Francisco con el doctor Kenneth Pelletier, cada prueba fisiológica era seguida de una entrevista en la que se me preguntaba cómo me había sentido y qué había pensado mientras hacía el experimento. Después de la prueba de la aguja, dije:

Dado que sé que voy a introducirme la aguja, no tengo necesidad de dolor. Me he situado en un estado de desunión, lo que significa que mantengo ocupada mi atención visualizando algo fuera de mi ser, sin prestar atención a mi brazo. En este sentido puede decirse que no estoy haciendo pasar la aguja por *mi* brazo; estoy haciendo pasar la aguja por *un* brazo... Mi cuerpo ha aceptado que tal cosa puede ocurrir y no sentirá ningún temor ni dolor. Como me mantengo al margen, y con plena aceptación, no me siento amenazado por el extraño suceso que tiene lugar.

Las capacidades que demostraba en estos experimentos están al alcance de todos. Cuando hay una condición de interacción armoniosa entre tu mente y tu cuerpo, puedes practicar la volición pasiva. Para alcanzar tal armonía, necesitas desarrollar un punto de vista desligado, una conciencia del propósito de la vida, y un flujo de energía o conciencia que no esté obstaculizado por el temor o por la emoción reprimida.

La meditación creativa constituye un instrumento accesible y eficaz para esta tarea. En los capítulos que siguen describiré muchas de las técnicas de meditación, y otras ayudas que estimulan y proporcionan la armonía entre la mente y el cuerpo. Este libro puede servir como catálogo de instrumentos. Sin embargo, éstos sólo serán valiosos si pueden estimularte a ser un mediador en la vida y a desarrollar tus propios métodos de meditación. Piensa en mis ejercicios como si fueran bloques para la construcción. Escoge algunos y combínalos con otros para adaptarlos a tus propias necesidades. Si puedes ser creativo, con ellos, en lugar de repetirlos ciegamente, este libro puede convertirse en un manual para tu propia vida. Usándolo como guía, puedes encontrar tu camino hacia la salud, la creatividad y la interacción dinámica con el universo que te rodea.

2. Autoiniciación

En este capítulo describiré algunas de las bases prácticas, pero más esotéricas y teóricas, de la meditación creativa, como medio para la autoiniciación. Todos los ejercicios que se incluyen en este libro te ayudarán a desarrollar la capacidad de analizarte creativamente. Dichos ejercicios exigen que uses todas tus facultades de percepción.

Según vayas practicando, aprenderás a atribuir a la información de tu sentido intuitivo la misma certeza que otorgas a las percepciones de tus órganos de sentido físico. Tus poderes de percepción se intensificarán, y al hacerlo te harán consciente de tus experiencias interiores como lo eres de tu entorno exterior. Muchas veces, los estudiantes me han preguntado por qué su meditación parecía falta de las imágenes fascinantes o de las sugestivas comprensiones que otros meditadores afirman experimentar. ¿Constituyen realmente tales penetraciones psicológicas sólo casos raros? Mi respuesta es que no sólo esta visión interior resulta accesible a todo el que practica la meditación, sino que está siempre en actividad, y no solamente durante la meditación.

ción. No hemos aprendido cómo volver nuestra atención hacia el mundo interior porque pasamos la mayor parte de nuestra vida centrándonos en las cuestiones mundanas del mundo exterior. La meditación creativa nos enseña a cambiar de dirección nuestra atención para que podamos vivir en ambos mundos. Cuando hemos aprendido a vivir de este modo, nada queda escondido. Podemos hacernos conscientes de todas las ataduras y temores que nos estorban, así como de los recursos interiores que pueden ayudarnos. Gracias a esta conciencia, obtenemos mayor confianza en nuestra capacidad de enfrentarnos con éxito a las exigencias de nuestra vida y de entender cómo estamos aprendiendo y evolucionando.

Utiliza las técnicas de la meditación creativa para hacerte consciente de tu evolución progresiva, del crecimiento irreversible que tiene lugar cuando obtienes el conocimiento mediante la experiencia. Cuando experimentas algo conscientemente, un concepto abstracto se hace manifiesto. Por ejemplo, si estás asustado pero reprimes tu temor, éste se mantiene dentro de ti. Pero si te haces consciente de él, y lo experimentas directamente, puedes interactuar con él. Cuando lo activas, quedas libre de él, aprendiendo de tu experiencia. Un tipo provechoso de meditación, como la meditación creativa, estimula este proceso.

Un acto perfecto constituye una expresión física de la manifestación mental de la integración espiritual. A menos que la integración se lleve a cabo hasta el nivel físico, será simplemente una semilla que no habrá fecundado. Es muy fácil sentir apego a nuestras penetraciones psicológicas y visiones. Muy a menudo, no nos damos cuenta de que una revelación no supone la cumbre de una experiencia, sino que simplemente se trata de la semilla que necesita madurar, que se le permita llegar a ser un acto perfecto. Las penetraciones psicológicas son la manifestación mental de la verdad. Estas experiencias deben transformarse en acciones. No temas una penetración psicológica; ten fe en ella y actúa de conformidad con ella. Nunca la controles conscientemente; déjala madurar y expresarse de la manera como reaccionas y actúas en tu vida. La expresión activa de la verdad es el objetivo de la vida. Así pues, usa la meditación para desarrollar la conciencia de tu evolución hacia este fin.

Para alcanzar esta capacidad, la meditación debe usarse primeramente para equilibrar nuestros estados físicos, mentales y espirituales. Por eso, los ejercicios de este libro comienzan con métodos para tranquilizar el cuerpo y la mente, de modo que éstos sostengan el estado de meditación. Estas instrucciones preparatorias prosiguen con una exposición del ejercicio de visualización o ensueño, y el ciclo completo de la meditación creativa. Una de las aplicaciones de estas técnicas se demuestra más adelante, en el capítulo 6. Muchas tradiciones filosóficas y de meditación manifiestan que determinadas zonas del cuerpo constituyen los centros fisiológicos de la energía, y que el bloqueo en estos centros produce la enfermedad. A la inversa, cuando alcanzas el flujo adecuado de energía, has dado un paso evolutivo de la mayor importancia. El grupo final de ejercicios (en el capítulo 7) presentará las técnicas para la activación y regulación del flujo de energía por estos centros, denominados habitualmente *chakras*.

Activar los chakras, despertar nuestros poderes intuitivos por la meditación y buscar una integración de mente, cuerpo y espíritu fue en otro tiempo competencia tan sólo de los chamanes y los místicos. Hoy pueden ser fines bien corrientes; ciertamente, los medios para alcanzarlos son accesibles a todo el mundo. No tenemos que pasar por las severas pruebas ritualizadas que los antiguos iniciados experimentaban para obtener el conocimiento. Antes bien, tenemos que darnos cuenta del hecho de que *todos* somos iniciados.

¿Cómo nos hacemos iniciados? Por nuestro propio cambio de conciencia. No necesito a otra persona que derrame sobre mí pétalos de rosa y diga: «Ahora eres un iniciado». Desde el momento en que tengo la iniciativa de asumir la responsabilidad sobre mi propia conciencia y comienzo a trabajar con ella, me convierto en un iniciado. Sin embargo, soy un iniciado al nivel más bajo de iniciación, y todavía puedo experimentar muchas iniciaciones. Sé que sólo puedo obtener estas iniciaciones si sigo moviéndome más allá del nivel en que soy competente. Cada vez que descubra un nuevo plano de conciencia, me convertiré en adepto en ese plano. Si un médico examina sólo un órgano de un paciente, sin preocuparse de la mente de éste, o del resto del cuerpo, nunca conocerá a todo el hombre ni podrá curarlo debidamente. Es un iniciado sólo en la parte en cuestión. Yo quiero ser iniciado a la vez en la parte, en el cuerpo entero y también en otros cuerpos. Entrando en lo desconocido obtengo la oportunidad de extender mi competencia. Ésa es una de las razones del porqué no debemos permanecer apegados a un solo aspecto de nosotros mismos o de nuestras vidas, sino que debemos aprender a dejarlo ir para poder crecer.

Hoy muchas personas se vuelven conscientes del hecho de que nadie puede tomar la iniciativa por ellas. No pueden contar con los demás, con la sociedad o con el destino, para que les aporte la realización que desean. Se han dado cuenta, por fin, de que el único consuelo y la única comprensión que se pueden obtener deben buscarlos dentro de sí mismos.

Los metafísicos nos dicen que en este momento estamos experimentando un punto decisivo para la humanidad. La expresión común para eso es que se trata de la era de Acuario, y que en ella tenemos la oportunidad de llegar a un nuevo nivel de conciencia. La confusión que sentimos en nuestro interior y que vemos en el mundo que nos rodea resulta de la presión al cambio, del desafío que ofrece la nueva era.

Una parte de este desafío consiste en que debemos asumir la responsabilidad de convertirnos en nuestra propia autoridad. Si empezamos a hacer caso de las enseñanzas de los hombres sabios del pasado, deberemos recordarlo. Jesucristo, uno de los iniciados cuya voz se escucha todavía, dijo: «Vosotros podéis hacer las cosas que yo hago, y haréis cosas mayores». Mientras adoremos al hombre sin vivir sus principios, no podremos empezar a hacer las cosas que Él hizo. ¿Y qué hay de las cosas todavía mayores que podríamos hacer, si realmente entendiéramos sus principios? En mi opinión, no debemos conformarnos con seguir a una persona. Debemos comprender que las enseñanzas de todos los hombres sabios son instrumentos para nosotros, destinados a encontrar nuestra propia manera de convertirnos en iniciados.

Quiero reiterar la importancia de la relación que existe entre tomar un papel activo en tu meditación y volverte «cocreador» de tu vida. Ser cocreador significa ser la autoridad definitiva sobre lo que es cierto; pero eso no puede ocurrir hasta que no tengas suficiente fe en ti mismo para asumir esa responsabilidad. Cada vez que te conviertas en estudiante o trates de enseñar a otro lo que sabes, te resultará beneficioso recordar eso.

Es particularmente necesario tenerlo presente cuando aprendes métodos de meditación o cualquier otra técnica de autorrealización. Por ejemplo, la fuente principal de este libro es mi propia experiencia de meditación. Las ideas y prácticas me van bien a mí, particularmente, pero no necesariamente a otros. No obstante, pueden estimularte y dirigirte para desarrollar las tuyas propias.

He descubierto que muchas de las experiencias que he tenido están confirmadas en la filosofía o en los relatos de otros meditadores. Se me pregunta a menudo: «¿Cuál es tu filosofía?». Yo respondo: «Tengo una filosofía propia que es similar, en muchos aspectos, a muchas otras filosofías». El significado de la palabra *filosofía* (del griego *philo*, amor, y *sophia*, sabiduría) es «amor a la sabiduría». Si tienes sabiduría, te conoces a ti mismo y puedes crear tu propia filosofía.

Aquellos que no pueden encontrar su propia filosofía mediante la meditación deben adherirse a la de otro. Con el tiempo, lo que empezó como una expresión dinámica de la sabiduría de una persona se convierte en un sistema de creencia estático. Los seguidores pasivos de filosofías y religiones sólo pueden saber lo que se ha escrito acerca de ellas. Su conocimiento se basa en la creencia, no en la experiencia personal. Y la experiencia personal es la única forma de obtener la sabiduría. Es también la única forma de conocer algo sin una sombra de duda. Viviéndolo, lo conoces directamente. Cuando mucha gente dice: «Tengo fe», lo que quiere decir es: «Creo». Cuando yo digo que tengo fe, quiero decir: «Lo sé porque lo he experimentado, incluso a pesar de que no lo haya experimentado en el mundo concreto». Lo he experimentado en la meditación, en un estado que trasciende al mundo de la percepción. Esta experiencia se ha convertido en una parte consciente de mí, algo tan claro que no dudo en expresarlo, también, en la realidad de percepción concreta del mundo físico.

La experiencia, entonces, se vuelve conocimiento que puede comunicarse, y eso es lo que describo en este libro. Es como tener una buena inversión y saber que hay alguien que te apoya. No puedes equivocarte. Sin embargo, cuando sigo la autoridad de alguna otra persona o enseñanza, puedo equivocarme todas las veces, porque la autoridad puede fallarme cuando la aplique a la realidad de mi propia vida. Así pues, soy un ecléctico, no porque haya seguido muchas filosofías, sino porque he observado muchas filosofías. Puedo decir: «Sí, esto es lo que yo he experimentado. Gracias. Eso confirma lo que estoy haciendo».

Resulta muy útil, pues, leer libros y escuchar a otros, para encontrar modos de expresar tus propias experiencias. Todas las enseñanzas espirituales són útiles; ninguna debe excluirse. La verdad se halla en todas ellas, pero no todos nosotros podemos descascarar el huevo y encontrar la verdad en su interior.

En mis clases, un estudiante nuevo dirá: «Bien. Ha estado usted hablando sobre Ciencia Cristiana». Otros dirán: «Debe de ser usted un sufí»; «Eso es lo que dicen los budistas zen»; «Ésa es la enseñanza cristiana verdadera». Todas esas personas quieren convertirme en una autoridad para escuchar mis enseñanzas. No obstante, no lo han entendido. Ni el propósito de mis clases ni el de este libro es el de ser autoridades. Se trata de una recopilación de mis propias experiencias cumbre y una descripción de los métodos que he usado para producir estas experiencias cumbre.

Antes de practicar las técnicas de la meditación creativa, es importante que ajustes tus actitudes a los papeles estudiante-profesor: toma conciencia de que no puedes aprender siendo enseñado. No comprendemos bien el papel del profesor. Enseñar debería significar compartir nuestra experiencia con otra gente porque sentimos un profundo deseo de que los otros puedan experimentarlo por sí mismos y lo compartan con nosotros. Es un proceso de intercambio, una transferencia de pensamientos sin dogmatismos. Su experiencia puede ser diferente de la nuestra, así como la semilla es distinta de la flor. Un maestro puede compartir experiencias como si sembrara semillas, de modo que los demás puedan cultivar sus propias flores. Al enseñar, uno debería decir solamente: «Aquí hay un modelo. Si te gusta el modelo, quizás te guste saber cómo se formó. Deja que te dé el método. Estoy repartiendo diseños. Así pues, he aquí mi diseño. Úsalo si te gusta. ¿Te gusta mi traje? Si no te gusta el bolsillo detrás puedes ponerlo delante, donde quieras. Y si lo quieres poner en la parte alta del cuello, por mí de acuerdo».

Muchos profesores enseñan a sus estudiantes a jugar a «seguir al líder», y eso suele impedir que los estudiantes realicen sus propios descubrimientos. El profesor que nos da información y modela nuestra mente, diciéndonos lo que es verdad y lo que es falso, en realidad está practicando la modificación de comportamiento, no la educación. Nos fiamos del profesor más que de nosotros mismos, y nos decimos ciegamente: «Si el maestro lo hace, así debe ser».

Actualmente hay muchos gurús cuyos estudiantes copian todo lo que ellos hacen. El gurú puede decirles que encuentren su propia sabiduría interior, pero en la siguiente frase les dirá: «Ahora, hijos míos, meditemos». Diciendo esto, asume la autoridad de un padre, cuidando de sus estudiantes como si fueran niños, no como iguales. Sin embargo, los estudiantes *son* sus iguales.

Buscamos maestros porque ellos han experimentado lo que nosotros no conocemos todavía pero desearíamos conocer. ¿Debemos tomarlos como autoridades absolutas por el mero hecho de que hayan experimentado estas cosas antes que nosotros? Imaginad un barrio en el que los niños juegan todavía con triciclos. De pronto, uno consigue una bicicleta. Este niño se convertirá en una autoridad en bicicletas hasta que los demás tengan una. Entonces se darán cuenta y dirán: «No sabe mucho sobre bicicletas. En realidad, ¡es un desastre yendo en bici!». Cuando todavía no habían ido en bicicleta, los demás niños iban a ver aquella cosa cromada y brillante y al afortunado niño que la llevaba orgullosamente. Y el niño de la bicicleta les miraba por encima del hombro.

¿Quiénes somos para ser autoridades sobre otra gente? Ciertamente, necesitamos maestros a lo largo de nuestra vida. Yo he tenido miles de gurús, pero ninguno me ha enseñado nada. En realidad, me confirmaron. Cada vez que veía mis propias experiencias reflejadas en las palabras o acciones de otra persona, mi propia autoridad se confirmaba. De cada uno de los libros que he leído, he sacado el material que satisfacía a mis propias necesidades y perspectivas y he descartado el resto. Cada uno de ellos me ha confirmado, a veces sólo con una frase. Eso es lo importante. Todos mis gurús me han permitido darme cuenta de que no soy el único que se imagina el mundo de una determinada manera. Pero también me han ayudado a entender que el modelo creado por todas mis percepciones es único para mí. Dicho modelo es importante para los demás sólo cuando les estimula a realizar sus propios modelos.

¿Qué hará la gente con las experiencias que tendrán si toman este libro en serio y practican con los ejercicios? ¿Dirán acaso: «Este es el método de Jack Schwarz»? No. Si han seguido las instrucciones cuidadosamente estarán desarrollando sus propios métodos. Hay un número infinito de senderos. El maestro debería limitarse a repartir mapas. Cada uno de nosotros debe viajar por el mapa creando sus propios senderos. Suponed que pregunto: «¿Cómo se va de San Francisco a Seattle?». Alguien puede decir: «Yo voy por Sacramento». Otro puede responder: «Yo voy por Chicago». La primera persona puede pensar que no es necesario ir por Chicago, de camino a San Francisco, hasta que la segunda persona le explique: «Antes de ir a San Francisco tengo que asistir a una reunión en Chicago, en la que se me dirá lo que he de hacer cuando llegue a San Francisco».

Cada uno de nosotros tiene su propio camino y sus razones para el viaje, pero todos vamos a encontrar mojones que nos parecerán familiares, ya que han sido vistos por otros. Sus descripciones son como guías que leemos antes de iniciar un viaje. Es como ver la fotografía de un templo de Malaysia. Todos podemos compartir la foto, pero cada uno de nosotros tendrá experiencias distintas si va allí. Sólo entonces notaremos el dulce olor de las frutas que se venden en el mercado situado junto al templo. Puede que algunos de nosotros encontremos gente y aprendamos sobre las ceremonias del templo. Aunque el templo nos pareciera a todos el mismo en la foto, será distinto para cada uno de nosotros cuando estemos en él.

Existe sólo una verdad, pero hay muchas formas de experimentarla. Pueden ser similares; sin embargo, nunca son exactamente la misma. Por eso solemos quedar insatisfechos cuando alguien describe una experiencia que hemos tenido nosotros. En mis clases, la gente me dice a veces que, según sus experiencias, he omitido aspectos importantes de un tema o he exagerado otros. Se debe a que es imposible usar los términos de este mundo tridimensional para describir una percepción multidimensional que se experimenta durante la meditación o la clarividencia. Eso es lo que lo hace todo único.

Cuando entendemos eso, nos damos cuenta de que debemos responder a las preguntas diciendo: «Ve allí y experiméntalo, pero no me preguntes exactamente cómo es». Quieres decir más, pero no puedes. Puedes describir la experiencia, pero no la puedes recrear para otro. Puedes sólo despertarle a su existencia. A veces, si describes una experiencia, otra persona puede llegar a sentirla. Sin embargo, debes advertirle que no debe quedar satisfecho tan sólo con esa sensación. Así no cometerá el error de la sociedad consistente en permitir a la religión y a la filosofía convertirse en dogmáticas.

Nuestra responsabilidad como profesores consiste en llegar a compartir lo que tenemos. Como estudiantes, en escoger a nuestros profesores y seleccionar lo que necesitamos de lo que dicen, antes que hacer de ellos dictadores, ídolos o dioses.

Un buen modelo de este tipo de proceso educativo puede verse en la tradición sufí de Oriente Medio. Los sufíes invitarán a los novicios y extranjeros a sus ceremonias más sagradas y les revelarán sus enseñanzas más sagradas porque, como ellos dicen, aquellos que no pueden oír no oyen. Por otra parte, si el extranjero resulta ser alguien ya iniciado, estarán encantados al compartir su sabiduría con tal persona y aprender también de él.

Ése es un principio que intento seguir. Estoy bastante convencido de que cuando me hallo delante de mis estudiantes puede haber muchos maestros entre ellos. Puede que en ese momento aún no hayan puesto en acción su maestría, pero quizá sea yo la chispita que los active. Os garantizo que si pudieran levantarse y proclamar su maestría, si pudieran enseñarme que en sus acciones y en sus vidas pueden practicar su sabiduría, me sentiría muy contento de sentarme y escuchar. Mi trabajo terminaría. Intento trabajarme *fuera* de un trabajo, no dentro de uno. No me importa volver a ser un aprendiz.

Los ejercicios e información que he recogido son presentados aquí para ayudarte a cobrar conciencia de tu propia maestría. Si practicas estos ejercicios y permites que tu intuición los adapte a ti, encontrarás al maestro que buscas. Si los practicas y los adaptas a tus necesidades individuales, pueden ayudarte a empezar a ser consciente de tu personalidad; y no sólo de la personalidad física, ya que somos algo más que una mera forma física. Tenemos una mente y una sustancia, y una fuente de la que extraemos nuestro ser. Por consiguiente, puedes llegar a·ser consciente de este mundo desarrollando lo que yo denomino *visión periférica universal*. Expandirás tu visión hasta que empieces a percibir mucho más de lo que actualmente percibes. Percibirás tanto con tus ojos físicos como con tu comprensión espiritual. Finalmente, empezarás a expresar esa conciencia en todos tus actos, a practicarla en cada pensamiento y acción. El reto de nuestra era consiste en convertirnos en alquimistas, transmutando la energía de nuestra clarividencia y nuestra sabiduría en vida práctica, manifestando así lo divino sobre la tierra.

3. Preparando para la práctica

¿Qué le sucede a nuestra conciencia cuando meditamos? Se diría que obtenemos una perspectiva sobre nuestra experiencia que va más allá de la conciencia normal. A menos que entendamos cómo puede hacer eso nuestra mente, será difícil tanto sentirse cómodo con las experiencias de meditación como aplicar dichas técnicas a los problemas cotidianos. Así que, antes de describir las técnicas de la meditación creativa que nos ayudan a alcanzar esta perspectiva dilatada, te presentaré la parte de la mente que constituye la fuente oculta de la creatividad y la intuición.

La mente paraconsciente

La mayoría de nosotros hemos sido educados para vivir de acuerdo con los procesos de verificación lógica. Han desviado nuestra atención del proceso de autodescubrimiento. Decimos que «conocemos» algo; sin embargo, el conocimiento real comprende tres puntos: pensar, sentir y saber. El *pensar* se basa en una verificación lógica de las percepciones sensoriales, identificándolas con la ayuda de conceptos preconcebidos. El *sentir* consiste en nuestra realimentación emocional y nuestras respuestas emocionales al mundo exterior. Por último, el *saber* se basa en la experiencia intuitiva.

Las intuiciones son el resultado de un proceso de descubrimiento creativo que se produce en nosotros. Normalmente, no somos conscientes del proceso, y sólo percibimos conscientemente su culminación cuando intuimos una respuesta o penetramos mejor en la raíz de un problema. Mucha gente se siente incómoda cuando tiene que admitir que no puede explicar cómo nace su penetración psicológica. Saben que saben, pero no cómo.

Cada modo de descubrimiento (pensar, sentir y saber) constituye una función de un aspecto distinto de la mente. Son, respectivamente, la mente consciente, la subconsciente y la supraconsciente o, como yo la denomino, *paraconsciente*. Adquirir conciencia de la mente paraconsciente es uno de los fines de la meditación.

La conciencia que obtenemos por medio de la información que nace de la mente paraconsciente es difícil de describir, ya que no deriva de nuestro aparato sensorial ni está limitada por él. Déjame mostrar una analogía. Imagina que somos gotas de agua en el océano. Cada gota reverbera como respuesta a todo lo demás que sucede en el océano porque cada leve movimiento se transmite, en distintos grados, a todas las partes del océano. La totalidad que constituye el océano cósmico puede denominarse la *mente universal*. Esta mente omnisciente se individualiza en nosotros como mente paraconsciente, y es mediante ese aspecto de nuestra mente como participamos de la omnisciencia. Cuando comprendemos eso, hemos adquirido conciencia de la naturaleza de la intuición. Su fuente es ese conocimiento que está más allá de la mente subconsciente y de la mente consciente. Las intuiciones constituyen nuestra conciencia momentánea del hecho de que todos nosotros estamos en conexión constante y perpetua con el universo total, con Dios. Tales momentos son poco frecuentes, y la mayoría de nuestras percepciones nacen de otros procesos en los que evaluamos conscientemente nuestras experiencias y las verificamos de manera racional.

Nuestras experiencias cotidianas tienen sentido para nosotros porque se nos ha enseñado a imponerles una estructura de tiempo y una secuencia causal; una cosa sigue a la otra y es el resultado de lo que ha sucedido anteriormente. Comprobamos estas pautas usando la lógica. Existen sin embargo tres limitaciones a este modo de percepción. Primero, imponemos una estructura cognoscitiva preexistente a lo que percibimos. Segundo, nuestras percepciones se limitan a nuestros sentidos más toscos, ya que la intuición no puede derivarse del raciocinio lógico. Tercero, las estructuras cognoscitivas que aplicamos no son nuestras; usamos un lenguaje y una comprensión de los principios lógicos que han sido creados a lo largo del tiempo por un consenso social.

Las evaluaciones preconcebidas nos ciegan, y limitan nuestras experiencias a lo que ya conocemos de antemano. Si deseamos aprender y crecer, necesitamos eliminar todas las trabas a nuestras percepciones. Las puertas cerradas de la mente paraconsciente son las que más nos restringen. Me gustaría ver cómo cada individuo reconoce las percepciones del paraconsciente. Ésa es la forma de descubrir en nosotros mismos la fuente de creatividad y de aprender a apoyarnos en nuestra penetración psicológica antes que en los descubrimientos y autoridad de otros.

La vía más común hacia el descubrimiento interior pasa por el mundo de los sueños. Las sociedades antiguas y los pueblos llamados primitivos apreciaron la significación de los sueños. Comprobaron que los sueños revelan y verifican condiciones y conciencias interiores que suelen estar ocultas a la mente racional o consciente. No estoy sugiriendo que los sueños nos den una mejor imagen de la realidad de la que nos proporciona nuestra conciencia vigilante; sin embargo, nos proporcionan información adicional que puede intensificar nuestra conciencia. Nos permiten experimentar las percepciones de los sutiles sentidos de la mente paraconsciente.

Estas percepciones pueden integrarse en nuestra vida cotidiana y pueden ayudarnos a solucionar problemas y a encontrar un mayor significado a nuestras actividades. Por ejemplo, los inventores te dirán que necesitan tanto de la razón lógica como de la intuición creativa para hacer algo que no se haya hecho nunca antes. Tienen una idea y la desarrollan conscientemente hasta que llegan a un punto muerto, un lugar más allá del cual su mente racional no puede ir. El inventor del modelo químico de las proteínas había esquematizado la mayor parte de él aplicando y adaptando las leyes de la ciencia y de la lógica, pero era incapaz de completarlo. Por mucho que analizara el problema, no podía encontrarle solución. Una mañana, con gran frustración por su parte, recordó que había soñado la solución y la había olvidado al despertar. Así que se dijo: «Cuando me duerma esta noche, soñaré la solución de nuevo, pero esta vez me levantaré inmediatamente y la anotaré». Se fue a la cama y la solución soñada se le presentó otra vez. Despertó, la anotó a toda prisa y volvió a dormirse. A la mañana siguiente estaba muy contento, y sorprendido de encontrar su boceto, ya que había vuelto a olvidar el sueño.

Una de las primeras cosas que aprendemos cuando prestamos atención a la voz silenciosa de la mente paraconsciente es que tan pronto como surge un problema, nace la solución. El problema aparece en la mente consciente, mientras que la solución se esconde en la inconsciente. Mediante la mente paraconsciente podemos *saber* la solución, tan pronto como topamos con el problema. Sin una interpretación así, gastamos nuestras energías siguiendo el problema y llegamos finalmente a identificarnos con él. Aunque afirmemos buscar la solución, en realidad nos apegamos al problema, y no le dejamos transformarse en su alter ego, la solución.

Una vez hayas aprendido a escuchar tu voz interior, tu mente paraconsciente puede convertirte en un fabuloso resolvente de problemas. Tus sueños pueden ser medios eficaces para ese fin. Presenta el problema que se ha helado en tu mente consciente a tu paraconsciente tomando la *decisión* de soñar con ello. Si quieres oír la respuesta, pídela.

Nuestra vida parece girar en un ciclo de problemas y soluciones. La expresión más radical de este ciclo puede experimentarse cuando entendemos que cada vez que dormimos, soñamos, soñamos despiertos o tenemos una inspiración, ¡*morimos*! Parte de nosotros se desvanece y no vuelve nunca más. En su lugar queda un área de nuevo crecimiento que se ha desarrollado a partir de lo que fuimos. La voz del paraconsciente es el sonido tanto de la creación como de la destrucción, y puede amplificarse con la meditación creativa.

Medito cada noche. No establezco un momento exacto para ello, pero sé que voy a meditar. Normalmente, el mejor momento para mí es una hora y media o dos horas antes de acostarme. ¿Cuál es el motivo para meditar? Quiero morir: desaparecer de mi estado presente y descubrir nuevos aspectos de mí que están evolucionando. No quiero entorpecer este crecimiento ni estancarme. Y quiero observar este crecimiento.

No debes nunca tener miedo de no estar creciendo. *Estás creciendo*. Lo que quizás no crezca es tu conciencia del crecimiento. Cuando no eres consciente de algo, no puedes expresarlo, no puedes practicar tu nuevo yo. Es más fácil convivir con tu diario morir y renacer cuando lo experimentas conscientemente cada día. Estamos constantemente pasando a nuevas etapas, y deberíamos estar preparados para hacerles frente y vivir en ellas sin sorprendernos ni asustarnos. Cuando reprimimos nuestra conciencia del crecimiento y nos resistimos a cambiar, aumenta una tensión en nosotros, hasta que finalmente nos vemos obligados a reconocerla. A menudo esta tensión se manifiesta como enfermedad. La meditación ofrece un puente para pasar conscientemente de una etapa de crecimiento a la siguiente.

La gente habla a menudo de la mente y del cuerpo como si fueran dos entidades diferentes y separadas. La mente y el cuerpo nunca pueden separarse durante este episodio físico que constituye nuestra existencia. Piensa por un momento en cómo has visto el agua transformarse en nieve. ¿Podría haber nieve sin agua? Sin la sustancia del agua, no habría nieve. La nieve es sólo una de las formas en que el agua puede convertirse. Por lo tanto, nuestras mentes individuales (hablo aquí de la mente total, no de alguna parte o sección particular de la misma) son como el agua que se transforma en nieve. La mente universal (agua), que es impersonal, se individualiza (cristalizándose como la nieve) en nosotros, como mentes personales.

El espíritu es la sustancia primordial de que están hechas todas las cosas. Por eso creo que nuestras mentes individualizadas crearon nuestros cuerpos. Nuestros cuerpos están contenidos en nuestras mentes, no a la inversa. La mente atraviesa por completo cada célula de nuestro cuerpo físico. Los científicos se han dado cuenta parcialmente de esto en su descubrimiento del ARN y el ADN, sustancias químicas nutricias que comunican energía del cerebro a todas las demás células. De este modo, durante toda tu vida, cada célula ha guardado la pauta de memoria de tu ser total. Y así como el ADN y el ARN son inmanentes y completos en cada célula, la mente paraconsciente universal es inmanente y completa en cada uno de nosotros. Podemos haberla olvidado, podemos haberla ofendido, descuidándola, pero permanece todavía allí, penetrando nuestro ser.

El cuerpo es en efecto mental, porque la mente es quien manifiesta la sustancia espiritual. Somos seres tripartitos compuestos de espíritu, la sustancia esencial; mente, la que la manifiesta, y cuerpo, el que la expresa. Cuando estas tres partes armonizan, siendo por entero operativas e interactivas, experimentamos el crecimiento y permitimos que se dé

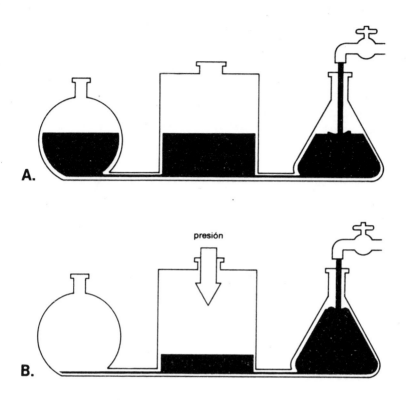

Figura 1. Ley de los vasos comunicantes de Pascal.

con plena conciencia. El primer paso hacia esta integración
tiene lugar cuando abrimos las puertas de la mente paraconsciente y permitimos que la intuición fluya en nuestra
conciencia.

Permíteme ilustrar este punto describiendo la ley de los
vasos comunicantes de Pascal (véase figura 1). Si hay tres
vasos conectados entre sí y se echa líquido en uno, éste
circulará y los llenará a los tres por igual, independiente-
mente de su forma o tamaño individual. Sin embargo, si se
aplica una presión externa a uno de los vasos, el flujo que-
dará detenido.

En términos humanos, la presión puede equipararse al
trauma, el miedo y la represión. La mayor parte de este
tipo de presión se produce y almacena en el subconsciente.

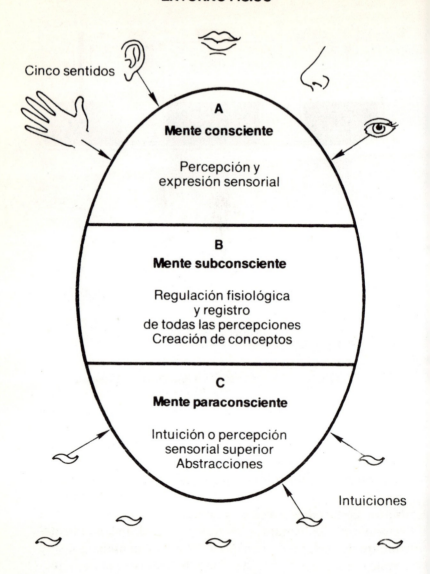

Figura 2. Un diagrama de la mente.

El subconsciente es la avenida por la que el flujo de energía intuitiva del paraconsciente llega a la conciencia. Cuando se hace presión sobre este aspecto intermediario de la mente, nuestra fuente de inspiración se nos cierra.

Crecemos precisamente en la esfera paraconsciente; las oleadas sucesivas de intuición se acumulan allí hasta que su energía exige que sean sacadas a la superficie, admitidas y absorbidas conscientemente, de modo que el crecimiento del organismo entero pueda ser uniforme. Necesitamos aprender a dar a la mente consciente la capacidad y oportunidad de aceptar la intuición. Lo que en realidad hemos hecho es permitir que este potencial permanezca en la mente paraconsciente y entorpecer su entrada en nuestra conciencia.

Es como vivir en una casa de tres habitaciones en las que has amontonado todos los muebles en la sala de estar y la cocina, y has obstruido la puerta del dormitorio. Para el resto de tu vida estás condenado a dormir en el sofá, mientras el dormitorio, tan acogedor, se queda vacío.

La figura 2 resume la dinámica de la mente. *A* es la mente central, consciente. Es la conciencia que se experimenta en el estado normal de vigilia. Como centro expresivo racional, supone el resultado de la integración de todos los procesos internos. Determina cómo nos mostramos al mundo.

B es la mente subconsciente, que coordina la actividad fisiológica del cuerpo. En particular, dirige la mayoría de las funciones corporales reflejas. El *control voluntario de estados internos*, expresión actualmente muy usada, se refiere a la capacidad de tomar conciencia de estas funciones inconscientes. Cuando logres centrar tu atención en estos procesos físicos sutiles, podrás corregir reacciones debilitantes, tales como los efectos físicos de la hipertensión, el estrés y la ansiedad.

La mente subconsciente tiene una segunda función: el desarrollo y expresión de los sueños. Entre ellos se incluyen los que surgen para solucionar problemas, los premonitorios y aquellos en los que experimentamos los contenidos

49

del inconsciente que de otra forma se reprimen, tales como fobias, traumas, obsesiones, ilusiones paranoicas, y también deseos y necesidades.

La mente subconsciente también funciona como archivo o biblioteca. Todas las percepciones que el organismo recibe (sea cual sea la fuente) se registran allí, las nuevas superpuestas a las viejas. La memoria absorbe las percepciones lentamente y las clasifica de acuerdo con un número de pautas aprendidas. Este proceso de clasificación categoriza las percepciones, convirtiéndolas así en conceptos que pueden retenerse y recuperarse a lo largo del tiempo, cuando se necesita información acerca de determinada categoría. Cuando nuestras reacciones a determinadas situaciones están completamente regidas por estos archivos, nos comportamos como robots, cerrados de modo definitivo y limitados en nuestras experiencias. A fin de lograr una interacción, y no una mera reacción, el concepto debería usarse para equilibrar la percepción. Sin sofocar nuestra experiencia actual ni invalidarla, los conceptos pueden usarse para agudizar nuestra comprensión y evaluación de dicha experiencia.

C es la mente paraconsciente. Este aspecto no es ni subconsciente ni consciente, sino supraconsciente. Nuestros órganos físicos sensoriales perciben las manifestaciones groseras de la energía (es decir, la materia), y la mente subconsciente (*B*) recibe las percepciones de estas sensaciones. Sin embargo, existen aspectos menos densos del universo, energías sutiles que nos transmiten un tipo distinto de información. Nos traen el mensaje de la naturaleza referente al todo, mientras que nuestros sentidos físicos nos informan sólo de las partes. La mente paraconsciente participa de la omnisciencia de la mente universal. Cuando el paraconsciente se obstaculiza a causa de nuestra falta de expresión creadora y la negación de nuestras intuiciones, nos desequilibramos. Somos seres dinámicos, al igual que el propio universo es un proceso dinámico, y toda restricción del flujo de energía causa agotamiento y tensión nerviosa. Éstos llegan a desembocar en la crisis nerviosa, la cual se manifiesta como enfermedad, trauma o catástrofe. Tal es el cambio forzoso que resulta de la resistencia al cambio. Tanto si hablamos de galaxias como de seres humanos individuales, el proceso es el mismo.

Cuando permitimos que el flujo de energía vaya de la mente paraconsciente a la subconsciente, dicho flujo regula las cargas positivas y negativas ligadas a conceptos almacenados. Entonces los conceptos resultan iluminados por la intuición creativa, y nuestras acciones y pensamientos son potenciados por una nueva penetración psicológica.

Los ejercicios sobre sueños y ensueños que se incluyen en el capítulo 4 están pensados para ayudarte a familiarizarte con la mente paraconsciente y sus pautas operativas. Éstos son los medios de la mente paraconsciente. Usando la meditación creativa, puedes aprender a interactuar con la mente paraconsciente; así, empezarás a dirigir tu mente racional para la puesta en práctica de la intuición suministrada por el paraconsciente.

Actitudes

Hemos investigado el aspecto de nuestra mente que la meditación nos enseña a activar y a añadir a nuestros recursos disponibles. Podemos ahora enumerar las actitudes mentales que llevan a activar el flujo de la penetración psicológica procedente de la mente paraconsciente. Todas estas consideraciones serán nuevamente expuestas y ampliadas más adelante, cuando se describan como partes del proceso meditativo. Las presentamos aquí para que sirvan más como guías orientativas que como prácticas específicas.

Autocontrol

Durante los ejercicios de este libro, tu actitud debería ser la de un espectador pasivo, que se limita a observar lo que hacen el cuerpo y las emociones. La información que recibas de la autoobservación romperá el ciclo de dependencia de las expectativas que otra gente tiene sobre lo que debes ser. Te libera de la ansiedad inherente a la aceptación de exigencias y fines externos. En la autoobservación usas tus propios ojos para mirarte como eres, sin expectativas ni ideas preconcebidas. Lograr eso en tu vida cotidiana supone avanzar hacia una libertad y un crecimiento responsables. En la meditación, la autoobservación desempeña un papel esencial.

Una de las técnicas que se usan para perfeccionar los poderes de la autoobservación en el proceso meditativo es la creación de una imagen especular de ti mismo, un segundo tú. Se trata de una forma de estimular un estado de desapego, a fin de que no te aferres a una determinada identidad sino que estés libre para permitir que la imagen especular se comporte con plena libertad. Entonces, el inconsciente y el paraconsciente pueden revelarse mediante dicha imagen especular.

Tomar responsabilidad

Por la autoobservación puedes aprender a ajustar las técnicas de la meditación a tus necesidades y capacidades particulares. Sigue la pauta dada la primera vez que lleves a cabo las directrices para la respiración, el ensueño y la meditación creativa. Si te miras por dentro y por fuera detectarás cualquier resistencia que tu mente, emociones o cuerpo pongan a estas pautas. Percíbela. Cuando hayas completado el ejercicio, analiza por qué se produjo. Muy a menudo, opondrás resistencia porque existirá otro procedimiento más adecuado para ti. Tu inconsciente te informa de que hay modos de autodescubrimiento mejores que los que yo te sugiero.

¿Qué hacer en tal caso? La próxima vez que empieces el ejercicio respiratorio, por ejemplo, adapta mi método de acuerdo con lo que te ha sido indicado por tu inconsciente, con lo que tú «sientes que está bien». No hagas el ejercicio como yo te he dicho (o como otro pueda decirte); hazlo tal como tú te digas a ti mismo. No te apegues a mis métodos; no dejes que te dominen. Adaptar los diversos métodos a tus propias necesidades resulta más difícil de lo que puedas pensar, pues requiere valor y responsabilidad. Conscientemente, debes dedicarte a la labor de conocimiento de ti mismo y dejarme atrás a mí o a cualquier otra autoridad externa. Es mucho más fácil ser un buen técnico y aprender una gran variedad de métodos o técnicas, pero ⌐so no te llevará a tu objetivo de autodescubrimiento.

El primer paso hacia la autorresponsabilidad consiste en aflojar el rígido control que la mente consciente suele ejercer sobre nuestro organismo. Esto es de importancia capital a la hora de iniciar la meditación con el control de respiración, ya que la respiración constituye el proceso autónomo más susceptible de manipulación voluntaria. Cuando te hayas acostumbrado a la respiración paradójica (véase el subapartado «Pautas de respiración», en el capítulo 4) y hayas impuesto dicho modelo a tu mecanismo de respiración, entonces ¡déjala ir! Deja de observar tu respiración, permitiendo que la sabiduría de tu cuerpo establezca la pauta de la misma, y presta atención a las siguientes fases del ciclo de la meditación creativa.

Para ser autorresponsable, debes ser capaz de confiar en ti mismo. Cuando conozcas tu mundo interior tanto como tu rostro en el espejo, habrás obtenido esta confianza en el conocimiento intuitivo o preconceptual. El proceso de descubrimiento interior hace aflorar a la conciencia lo que estaba inconsciente, arrojando luz sobre ello, y dejando después que se retire de nuevo de tu visión. Es un ciclo de concentración y relajación. Recuerda que no tratas de ejercitar una disciplina mental sobre todas tus acciones, reacciones y decisiones. Tu objetivo consiste en llegar a estar abierto y consciente de *toda* la información y todas las experiencias de tu organismo.

Sólo puedes obtener esta conciencia estimulándola, prestando atención a sus primeras manifestaciones sutiles. Aprende las técnicas de este libro, con el propósito de convencer a tus propias adaptaciones o nuevos métodos para que salgan a la luz. Y no pienses que el proceso se detiene cuando has creado tu ciclo personal de meditación. Cuando llegues a ser experto en tus prácticas, éstas no estimularán tanto el crecimiento como cuando forcejeabas con ellas. Tal como tú evolucionas, así deben evolucionar las prácticas y ejercicios que utilizas para ayudarte a crecer. No te ciñas rígidamente a un método en particular, ni siquiera al propio; disfruta con las nuevas y estimulantes técnicas que la mente paraconsciente te sugerirá bajo la forma de intuiciones.

Llegar a ser un transmisor

Durante la meditación, necesitamos estar relajados y tranquilos. No queremos que toda la mente y el cuerpo descansen, sino sólo la mente consciente que domina la conciencia. Cuando el cuerpo ha sido calmado por el uso del control de la respiración y las técnicas de relajación, y la mente consciente ya no interfiere, el paraconsciente y el inconsciente pueden experimentarse.

Mucha gente no logra alcanzar esta tranquilidad, a pesar de los sinceros esfuerzos realizados. Tan pronto como empiezan a meditar, empiezan a sentirse muy intranquilos. Su cuerpo y sus sucesiones de pensamientos interfieren constantemente en su concentración. Les digo a tales personas que dejen de meditar durante un rato. Lo que sucede es que tienen demasiada energía acumulada, ya que han meditado pasivamente, sin usar la energía de la meditación para ser creativos o autoexpresivos tanto en su vida cotidiana como en su meditación. Es como si estuvieran a punto de explotar. Cuando meditan en estas condiciones, incluso un pequeño flujo de energía les produce inquietud. Lo que necesitan es expresarse en la acción consciente, viviendo todas sus imágenes e ideas bloqueadas de tal modo que su energía pueda agotarse creativa y naturalmente. También suelen sentirse cansados, porque se hallan sobrecargados, ya que no han aprendido cómo expresarse creativamente. Están demasiado acostumbrados a seguir el ejemplo de otra gente, reprimiendo así sus energías individuales.

Necesitamos recordarnos constantemente que el propósito de la meditación es crear un ciclo de energía que fluya libremente. En la meditación recibimos energía. Así pues, debemos también transmitirla, expresándola por medio de acciones prácticas en nuestra vida cotidiana. No acapares energía; ¡compártela! Encontrarás así el equilibrio, y podrás asimismo irradiar energía en el mundo.

4. Ensueño

Hemos hablado sobre la meditación como instrumento para el autodescubrimiento y hemos observado que deberíamos entender cómo usarla antes de empezar a trabajar con ella. Esta orientación continuará siendo un aspecto importante de las exposiciones que siguen, relativas a las técnicas concretas de la meditación creativa. Los ejercicios empiezan con una serie de métodos que te disponen mental y físicamente para la primera parte del ciclo de la meditación creativa: el ensueño.

El *ensueño* es un soñar despierto corto y conscientemente dirigido. El soñar despierto, al igual que el soñar dormido, nos da el sabor de la experiencia meditativa. Los sueños de día nos parecen muy reales, y podemos pensar, sentir y experimentar reacciones y cambios emocionales como respuesta a sucesos del sueño. Todos hemos experimentado con sorpresa cuán vibrante y convincente puede resultar el soñar despierto. Todos soñamos despiertos. En medio de alguna actividad cotidiana, te encuentras de pronto en un mundo propio. Normalmente, sólo te das cuenta de que sueñas despierto después de que la ensoñación ya ha empezado. A menudo, regresas a toda prisa a tu conciencia habitual, esperando que no se te haya escapado nada importante mientras estabas ausente. Otras veces puede que el soñar despierto sea demasiado interesante como para dejarlo, así que sigues en interacción con él, alterándolo a tu conveniencia.

Podemos aprender de nuestras experiencias en los sueños, al igual que lo hacemos de toda interacción. Cuando meditamos, realzamos la experiencia onírica al preparar conscientemente el escenario, afinando nuestros sentidos de forma que podamos tener conciencia de todo lo que sucede y convirtiéndonos de buena gana en parte del sueño. La diferencia entre el ensueño y la meditación es semejante a la diferencia entre soñar despierto y soñar dormido. En la meditación, dejamos de alterar conscientemente todo lo que experimentamos, tal como hacemos en los sueños nocturnos. Sin embargo, en el ensueño seguimos dirigiendo y cambiando la situación, como a menudo podemos hacerlo al soñar despiertos. Un ensueño puede ponernos en contacto con nuestras imaginaciones y concentrar nuestras energías psíquicas, alejándolas de las distracciones. Y lo que es más importante: nos ayudan a mirarnos objetivamente, ya que aprendemos a asumir una actitud de desapego durante el ensueño.

Ejercicios

Hay cuatro técnicas básicas con las que debes familiarizarte antes de empezar el ensueño y la meditación creativa, para que puedas sacar el máximo provecho de tus experiencias y tropezarte con pocas distracciones: la *pantalla de la memoria*, medio de transmutar las alegrías y tristezas de tu vida cotidiana, a fin de que no te preocupen durante la meditación; *relajación*, la postura adecuada que debe adoptarse durante la meditación para que las sensaciones corporales no interfieran en tu concentración; *pautas de respira-*

ción, pautas de aspiración y espiración que sean lo más compatible posible con un estado velador y contemplativo, y *autoexamen analítico*, método para la observación y análisis de las experiencias meditativas, a fin de que puedan aplicarse a la vida cotidiana.

1. Pantalla de la memoria

En tu ojo mental, proyecta interiormente todas las actividades del día, interacciones, pensamientos, etc., sobre una pantalla de cine imaginaria. La mayoría de la gente cree que puede concentrarse mejor cerrando los ojos, al experimentar su mundo interior. Empieza al despertar, y deja que tu día se desarrolle en la pantalla. Tienes que ser consciente de que *tú* eres el proyector. ¿Y quién es el observador? También tú, como ser objetivo y no implicado en los sucesos que se desarrollan en la pantalla. Cuando observes un acontecimiento y lo juzgues negativo, detén la película. Contempla ese momento congelado en el tiempo. Estudia esa imagen simple, y haz un esfuerzo para ver su lado positivo. Recuerda que cada vez que se suscita un problema, su solución surge también. Ve la solución en el problema de la pantalla. Percibe la totalidad de la situación, situándote por encima de tu juicio inicial sobre ello y abarcándola con la comprensión de sus aspectos tanto positivos como negativos. Extirpa la idea de culpa que has inculcado en ti, como resultado de tu autocondena. Reconoce lo que has aprendido de esa situación y tu reacción a ella, y perdónate. Después sigue pasando la película hasta completar el día.

Lo que se ha realizado en este primer ejercicio es uno de los aspectos más importantes de la meditación. Ya has empezado a ejercitar un poder que constituye una de las recompensas más perseguidas de la meditación. Has empezado a *transmutar* tus actos negativos en positivos. Vuelves a ser creado, al ensancharse tu comprensión. Nada de lo que hacemos en nuestra vida puede barrerse. Si lo que hemos hecho es negativo, puede transmutarse en algo positivo. De la misma manera, algo positivo puede transformarse en un suceso negativo. Pero, sea como fuere, siempre permanecerá en el universo. Justo por esa razón, puede ayudarnos a alcanzar un nivel más elevado de conciencia. Por eso es tan importante en esta vida que armonicemos todas nuestras acciones, que creemos un conjunto a partir de todo lo que hemos hecho. Para eso usamos esta técnica: para vaciar nuestras mentes cada día antes de entrar en la meditación. Nos permite ver con qué hemos de habérnoslas.

No debemos almacenar culpa, temor, ansiedad ni rencor en nosotros. La recompensa por la liberación de estos densos traumas bloqueados será que mañana actuaremos positivamente allí donde ayer lo hicimos negativamente. El primer provecho positivo de cualquier acto o acontecimiento negativo consiste en no sentir culpa o arrepentimiento. Sacamos provecho de lo que es negativo, dándonos cuenta de ello. El arrepentimiento es más una cuestión de sentido común que de vestiduras andrajosas y cenizas. Primero necesitamos ser conscientes de nuestros defectos, a fin de que después, mediante esa conciencia y con un serio esfuerzo, podamos superarlos. El arrepentimiento significa que sabemos que por la conciencia los venceremos y aprenderemos a autoperdonarnos. Nuestro futuro se basa en nuestras experiencias del pasado; de ahí que un futuro más positivo sólo pueda derivar de una visión más positiva del pasado.

En vez de aferrarte a las experiencias negativas del pasado, debes concentrarte en crecer. Agradece todos los resultados de tus actos. Culpándote sólo conseguirás restringir el crecimiento. Sólo puedes crecer mediante el intercambio de lo positivo y lo negativo. Si los usas correctamente, ambos aspectos son igualmente valiosos.

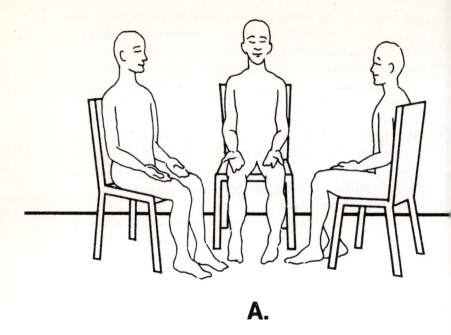

A.

Figura 3. Postura.

2. Relajación

Siéntate erguido y endereza la columna vertebral. Esta posición es necesaria para liberar el diafragma, a fin de que puedas respirar profundamente y con el abdomen. Los estados de la meditación no son ni el sueño ni la conciencia veladora, razón por la cual te sientas en vez de estar echado o permanecer de pie. Debes mantener la posición erguida de la columna, porque cualquier encorvadura o deformación inhibiría el flujo de energía que circula por ella (véase figura 3).

Los objetivos de la postura correcta son permitir este libre flujo de la energía y la respiración, eliminar la tensión y conservar energía. Al sentarte erguido, apoya cada una de tus extremidades. Si te sientas en una silla, cruza los pies por los tobillos o colócalos planos sobre el suelo. Descansa los brazos apoyando las manos en la parte alta de los mus-

60

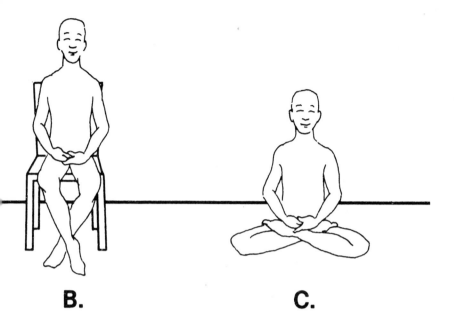

B.   **C.**

los y mantén los hombros perpendiculares a la columna. Recuerda que la columna se prolonga en la cabeza. Tu mentón debería estar bajo y paralelo a la columna. De este modo, el peso que soporta la columna estará distribuido equitativamente. Una distribución desigual tiende a desarrollar bolsas de tensión en el cuerpo.

Incluso con una postura correcta, puede producirse tensión en la base de la columna, que se caracteriza por el estrechamiento del recto. La respiración paradójica profunda (que se describirá en el ejercicio titulado «Pautas de respiración») puede ser de utilidad aquí, porque la respiración profunda y lenta contrarresta la tensión rectal. El movimiento hacia abajo del diafragma estabilizará el recto e impedirá la tensión.

Nuestro organismo, en tanto que elemento acumulador y productor de energía, se parece mucho a una batería cargada. La energía se descarga por extensiones (cables) unidas a la batería. Para el cuerpo humano, las extensiones son la cabeza, los brazos y las piernas. En los estados de meditación, no sólo queremos relajarnos sino también conservar nuestra energía. De hecho, la meditación tiene precisamente este efecto sobre el organismo: crear energía psíquica suplementaria. Sin embargo, vuelvo a repetirte que la meditación mal realizada durante todo el día, en cuanto a su expresión práctica, creará una sobrecarga que se manifestará en forma de dolores de cabeza, estómago y cualquier otro malestar físico.

La postura para la conservación de la energía durante la meditación varía según la situación. Si meditas en grupo, hay que preocuparse menos por conservar la energía individual que por absorber la energía que emana del resto del grupo. Por lo tanto, las manos descansan sobre los muslos, con las palmas hacia arriba y abiertas. Si estás sentado en una silla, puedes colocar los pies planos en el suelo, separados a una distancia que te sea cómoda. Cuando meditas solo, la conservación de la energía es importante, por lo que una mano puede descansar sobre la otra en el regazo y las piernas pueden cruzarse por los tobillos. De esta forma, la energía, más que disiparse, vuelve a canalizarse a través del organismo.

La posición del loto está pensada para conseguir estos dos propósitos: relajación, y retención de la energía. Si puedes entrelazar los pies cómodamente y poner las manos una dentro de la otra, encima de los talones, hazlo. Sin embargo, sospecho que para la mayoría de nosotros esta posición es incómoda, a veces incluso después de mucha práctica. Éste es uno de los casos en que la adaptación responsable resulta más obvia y apropiada. Una posición medio-loto servirá casi igual. Los objetivos son la relajación por la comodidad y, en situaciones privadas, la circulación de la energía dentro del organismo, manteniendo las extremidades del cuerpo juntas. No puedes alcanzar ninguno de estos objetivos forzando tu cuerpo en una posición extraña e incómoda.

Cuando meditamos, necesitamos poder dejar de pensar

en nuestro cuerpo. Consiguiendo que un flujo relajado de energía recorra nuestro físico no tendremos necesidad de centrarnos en este aspecto de nuestro ser. Nuestro cuerpo ya no interrumpirá más nuestra concentración, pues se fusionará en un estado unitario con nuestros otros aspectos (mente y espíritu).

3. Pautas de respiración

Una respiración apropiada te ayudará a asegurar tu desarrollo espiritual. Podrás disponer de tus plenas capacidades intuitivas y energéticas, y tu cuerpo dará plena expresión de esta energía mental pura y concentrada. Algunos de los proyectos de investigación en que he participado se centraban en la autorregulación de los procesos fisiológicos por la respiración controlada. Nos dimos cuenta de que el nivel respiratorio tiene una enorme influencia en los estados de conciencia. Como sujeto de estos experimentos, me aplicaron electrodos al cuerpo para controlar los cambios en las pautas eléctricas de mi cerebro y en la tensión y actividad muscular. Intentábamos averiguar si determinadas configuraciones de las ondas cerebrales se correspondían con pautas de respiración específicas. Tomábamos nota de si las respiraciones eran largas o cortas, y de si la mayor parte del aire iba a la parte superior de los pulmones (respiración torácica) o a la parte inferior (respiración abdominal). Los resultados mostraron que cuando mis ondas cerebrales estaban en el estado alfa (que se experimenta normalmente como un estado interior de calma y relajación), la respiración torácica era igual a la respiración abdominal, ambas bastante lentas y regulares. En el estado theta (que se experimenta subjetivamente como una situación profunda, tranquila, desligada, con algunas imágenes hipnogógicas), la parte superior de los pulmones se llenaba de aire sólo como efecto colateral de la respiración abdominal, al tiempo que, por extraño que parezca, mi diafragma mostraba unas pautas de movimiento rápidas y rítmicas. Como resultado de haber enseñado en mis clases las diversas técnicas de respiración, he descubierto que alterar las distintas pautas de respiración resulta muy eficaz para crear alteraciones de conciencia. Éste es un método voluntario tanto para ampliar la conciencia interna como para relajar el cuerpo.

Cuando no nos concentramos en nuestra respiración, la mayoría de nosotros realizamos una respiración clavicular. El movimiento se sitúa en la parte alta del pecho, en la región del tórax donde están las clavículas. Este tipo de respiración superficial es muy inadecuado, porque no satisface realmente nuestras necesidades de oxígeno. El cuerpo no puede relajarse si está constantemente anhelando oxígeno. En el estado de meditación, el nivel de energía del cerebro no se reduce necesariamente, de forma que se necesita tanto oxígeno como siempre.

Si extendemos el área implicada en la respiración, profundizando y ampliando ésta por medio de nuestras inexistentes alas, realizamos una respiración *intercostal*. Si usamos la parte media de la caja torácica, los pulmones pueden llenarse más plenamente. Tanto la respiración superficial como la intercostal son propias, sin embargo, del estado de onda cerebral beta. Las ondas beta indican una falta de energía concentrada; esta respiración limitada da origen a una tensión demasiado fuerte como para dar cabida al oxígeno inhalado y expelerlo.

Una pauta más satisfactoria es la respiración *dual*, que comprende tanto el tórax como el diafragma. Haciendo entrar en juego al abdomen, damos al diafragma más espacio para desplazarse hacia abajo durante la aspiración, permitiendo que los pulmones se llenen más. Así empezamos a alcanzar nuestro objetivo principal, el pleno uso de todas nuestras facultades físicas, mentales y espirituales. Cuando nuestros pulmones se llenan completamente con cada aspiración, incluso las partes más sensibles de nuestro organismo reciben con prontitud la energía que necesitan para funcionar al máximo de sus posibilidades.

La pauta de respiración más adecuada para la meditación es la respiración *paradójica*, que es principalmente

64

abdominal y ligeramente torácica. Cuando a un individuo que respire según esta pauta se le controlan las ondas cerebrales y la actividad muscular del pecho y el abdomen, se ve que estos dos indicadores se sincronizan. Las pautas de energía transmitidas a las máquinas de control (el electroencefalograma y el electrocardiograma) por los electrodos de la cabeza y del cuerpo se alinean y se armonizan. Este tipo de respiración puede ser contrario al modo en que piensas que deberías intentar aumentar tu aspiración conscientemente. No basta con ensanchar el pecho para que los pulmones se llenen por completo. Hay que dejar que el diafragma también se expanda totalmente, y eso sólo puede lograrse ensanchando el abdomen para dejar sitio al diafragma así expandido.

Para iniciar la respiración paradójica, aspira hondo y mete el abdomen voluntariamente. Cuando espiras sácalo otra vez. Este movimiento es contrario a la respiración abdominal normal, durante la cual el abdomen parece ensancharse, al llenarse de aire la parte baja de los pulmones. Es necesario un esfuerzo consciente para invertir esta pauta normal y respirar paradójicamente.

Después, inicia un ciclo de respiraciones con control de tiempo. La primera respiración es propia de la respiración intercostal, que domina en el estado alfa, donde el tiempo de aspiración es igual al de espiración. Cuenta mentalmente el tiempo de cada movimiento:

Aspirar: 1, 2, 3, 4, 5, 6, 7, 8.
Contener la respiración: 1, 2, 3, 4.
Espirar: 1, 2, 3, 4, 5, 6, 7, 8.

Al concentrarte, tu respiración se acelerará, llevándote a esta nueva pauta:

Aspirar: 1, 2, 3, 4.
Contener la respiración: 1, 2, 3, 4
Espirar: 1, 2, 3, 4, 5, 6, 7, 8.

A continuación vendrá:

Aspirar: 1, 2, 3, 4.
Contener la respiración: 1, 2, 3, 4.
Espirar: 1, 2, 3, 4, 5, 6, 7, 8, 9, 10, 11, 12, 13, 14, 15, 16.

Esta capacidad para prolongar la espiración mucho más tiempo que la aspiración demuestra que la aspiración debe ser muy profunda. Cuanto más oxígeno puedas retener después de una aspiración rápida, tanto más lenta y larga podrá ser tu espiración. La fase final de la respiración controlada que debe ser cumplida y establecida como pauta de meditación es:

Aspirar: 1, 2, 3, 4.
Contener la respiración: 1, 2, 3, 4.
Espirar: 1, 2, 3, 4, 5, 6, 7, 8, 9, 10, 11, 12, 13, 14, 15, 16, 17, 18, 19, 20, 21, 22, 23, 24, 25, 26, 27, 28, 29, 30, 31, 32.

Tan pronto como llegues a esta fase y tu cuerpo pueda ejercitar la pauta correspondiente con comodidad, deja de concentrarte en ella. Has regulado tu respiración y es el momento de ir hacia la siguiente etapa de meditación. Incluso esta fase preparatoria, el ciclo en tres partes, consistente en hacer consciente algo inconsciente, regularlo voluntariamente y soltarlo, debe completarse. Confía en que conservará la nueva forma que le has dado. En otras palabras, confía en ti mismo.

El siguiente grupo de ejercicios se centra en otra cualidad de la respiración. Las visualizaciones que se sirven de la imagen de la aspiración y la espiración pueden hacerte consciente de las funciones psíquicas más sutiles de la respiración como energía que te nutre y purifica. Usa estas imágenes (u otras visualizaciones que hayas creado) siempre que sientas que la conciencia concreta que te ofrecen te ayuda en tu meditación. Por sí solas son eficaces para producir un estado relajado pero lleno de energía. Recuerda que todos los ejercicios y métodos de este libro son ingredientes que puedes mezclar a tu modo, de acuerdo con tus fines.

Mientras practicas estos ejercicios (o cualquier técnica de meditación) acostúmbrate a despreocuparte de tus pautas de respiración. Si resulta que te das cuenta de que ésta no sigue el ritmo paradójico, no detengas la meditación para corregirla. Completa el ejercicio. Durante el período de examen, considera por qué se instaló una pauta distinta. Luego, sobre la base de la efectividad de la meditación, evalúa esta otra pauta.

a) Imagina que el aire que aspiras es una nube azul claro. Aspira toda esta nube. Luego espírala, fijándote bien en todos sus cambios de color. Tal vez se haya vuelto gris claro, tal vez de otro tono. Eso indicaría que has absorbido los principios nutritivos que contenía mientras estaba en tu cuerpo.

b) Amplía tu aparato respiratorio desde la nariz a lo que te cubre por entero: la piel. Imagina que todos los poros aspiran y espiran. Puedes sentir la hormigueante naturaleza eléctrica de los poros, abriéndose y cerrándose con fuerza por todo tu cuerpo. Se parece mucho a la sensación que experimentas al entrar de pronto en una habitación caliente, después de haber salido fuera, bajo la nieve. Siente cada parte de la superficie de tu cuerpo aspirando y espirando el oxígeno purificador y vitalizador del aire que te rodea.

c) Coloca, en tu imaginación, un cristal o una gema en medio de tu frente. Luego, respira a través de la joya. Fíjate en si el aire que entra y el que sale se colorean. ¿Sufren cambios de color? ¿Qué le ocurre a la propia gema? Imagínala de un color, después de otro, y observa qué efecto tiene sobre su coloración la respiración entrando y saliendo.

Después de haber completado cualquier visualización o meditación, comienza a regresar al estado de conciencia despierta, trasladando tu centro de atención de tu imaginación a tu respiración, siguiendo a esta última en su entrar y salir hasta que te sitúe en el mundo exterior.

4. Autoexamen analítico

Cuando surjas a la conciencia despierta, después de cualquier experiencia de meditación, ponte a repasar y a analizar tus experiencias del mismo modo como usaste la técnica de la pantalla para revisar las actividades del día. Éste es un aspecto de la realimentación introspectiva que obtenemos con la meditación. Podrías continuar con esta serie de preguntas:

Observaciones mentales: ¿Cuáles fueron los obstáculos mentales? ¿Qué pensamientos surgieron para interrumpir mi concentración?

Realimentación física: ¿Cuáles fueron los obstáculos físicos? ¿Me di cuenta de cualquier tensión, dolor o sensación de hormigueo que se produjeran en algún momento durante el ejercicio? ¿Por qué tal sensación concreta acompañaba tal aspecto particular del experimento?

Respuesta emocional: ¿Llegué a estar emocionalmente implicado en algún aspecto de la experiencia? ¿Surgió esta emoción al mismo tiempo, antes o después de alguna sensación física? ¿Por qué se dio tal sentimiento en el contexto de esa sensación física?

Anotando y fechando estas experiencias tendrás un registro que indique cada fase de tu desarrollo. Algunas respuestas, como los dolores de estómago, pueden desaparecer. Otras, como el llanto, pueden aumentar. Escribe un diario para ayudarte a ver tus progresos. Si lo deseas, ilustra el diario con dibujos de tus experiencias de meditación.

Ahora que ya has aprendido los diferentes pasos que te preparan para la meditación, puedes combinarlos en la danza del ensueño. Todas las capacidades que han sido llevadas hasta tu conciencia pueden aplicarse para conseguir el objetivo del ensueño: dar origen —o perfeccionar— a una materia o símbolo que pueda servirte como tema para una meditación creativa. Durante un ensueño, las mentes paraconsciente e inconsciente envían a la mente consciente imágenes que pueden ser reveladas en la meditación creativa. En una visualización dirigida, cambios o añadiduras no planeados tienen lugar en las experiencias de toda persona. Estas figuraciones singulares, sucesos u objeto constituyen mensajes del inconsciente, dichos en un lenguaje que al principio impide entenderlos racionalmente. Es necesario intensificarlos y experimentarlos más a fondo meditando sobre ellos.

Para ser un meditador efectivo debes aprender a aceptar las imágenes, sentimientos, sucesos y percepciones que surgen espontáneamente durante la meditación. Más que permitir que tu mente consciente los elimine, debes esforzarte en conservarlos. Así pues, permanece atento, pero no vinculado, a los aspectos inesperados de tus experiencias con el ensueño. Éstos se convertirán en los temas más provechosos para tus meditaciones.

Empieza un ensueño adoptando la postura adecuada para la meditación. Regula tu respiración, siguiendo la secuencia de pautas que has aprendido. Sólo necesitarás algunos minutos para establecer la pauta paradójica. Después, mitiga la vigilancia sobre esta función y conecta tu centro de atención en un punto imaginario, justo delante de ti, aproximadamente a unos tres metros.

Después, créale un ambiente al ensueño. Imagina un horizonte y un sencillo decorado que conduzca a él. Escoge un paisaje que sea lo más cómodo y agradable posible para ti. Ahora, imagina un camino que vaya desde ti a ese paraje. Eleva tu conciencia de la escena. Fíjate en cada detalle. Oye los sonidos del viento o de los pájaros. Siente el calor del sol o la fresca humedad de la hierba. ¿Qué momento del día es? ¿Qué estación? Huele los aromas de la tierra, de las flores o de cualquier otro aspecto de tu decorado. Crea el ambiente por entero y percíbelo completamente con cada sentido. Si cambia, deja que lo haga hasta que encuentre su mejor forma. Este marco empezará a serte familiar porque será el que abra cada ensueño y cada meditación creativa. Si se transforma con el tiempo, deja que lo haga y familiarízate con él cada vez que medites.

Como creador del decorado, permanecerás fuera de él. Dirigirás las actividades y observarás lo que ocurra durante el ensueño. Eres el director, pero en esta obra también eres el actor. Un aspecto de tu papel como director requiere que crees el segundo yo del que antes hablábamos. El segundo yo se aleja de ti por el camino hacia el decorado. Fíjate en cómo se viste esa imagen y en cómo la caracterizan. Comprueba que eres tú. Si la imagen no se parece exactamente a ti, no la vuelvas como tú deseas o como crees que debiera ser. Simplemente, deja que tu inconsciente cree la imagen por ti.

Después, examina tu imagen especular mientras se aleja de ti. Llámala, ordénale mentalmente que se vuelva y te mire como estás, sentado en tu habitación. Siente la distinción entre los dos yoes y sus respectivos papeles. Ahora envía de nuevo la imagen al decorado y empieza a dirigir el ensueño.

La imagen especular

La creación de la imagen especular es una de las técnicas más importantes que hay que aprender para meditar creativamente. Yo denomino a este método *psifonear*.

Al trasvasar gasolina de un depósito a otro mediante un sifón hay que forzar el primer chorro para que salga. Tras esta acción inicial, la gasolina fluye sin más ayuda. Ese mismo principio se da en la técnica del «psifoneo». La mente paraconsciente es como un depósito sin fin. La conciencia individual recibe su penetración psicológica y su energía de esta fuente.

Demasiado a menudo, el flujo del depósito hacia nuestros seres individuales queda obstaculizado por interferencias conscientes e inconscientes de nuestros temores, traumas y deseos. Cuando deja de llenarnos la energía que nos nutre, nos motiva y nos armoniza con el cosmos, sufrimos. Empezamos a estancarnos como charcas aisladas del río que las formó. Puede resultar de ello el malestar, el estrés y la enfermedad. Por esta razón, en la meditación intentamos conectar de nuevo la charca al río. Cuando deliberadamente creas esta conexión en tu imaginación, es como si dispusieras un cebo para el paraconsciente. Los semejantes se atraen, e incluso una conexión imaginaria será lo bastante similar a la conexión real como para crearla.

En la técnica del psifoneo, damos vida a un pensamiento consciente y lo imaginamos fuera de nosotros. Después lo visionamos y lo activamos, dirigiéndolo para que cambie y se desarrolle. Tu imagen creada pronto empezará a revelar detalles que no habías imaginado conscientemente. Eso debería demostrarte que estás sacando información de tu conexión paraconsciente con el depósito cósmico. La mente paraconsciente está añadiendo nuevas penetraciones psicológicas a las cuestiones que se presentan a tu mente consciente.

Psifonear supone algo así como marcar un determinado número para ponerse en comunicación con una fuente de información más completa sobre ti mismo. Es una acción objetiva, la creación de un argumento en el que no estás complicado subjetivamente, de modo que puedes permanecer desligado y por lo tanto muy perceptivo. Puedes seguir profundizando y tratando de encontrar más información por la vía de dirigir conscientemente la imagen especular que has creado para que esté en interacción con el ambiente en todos sus nuevos aspectos. Mediante tus ejercicios de ensueño llegarás a familiarizarte con tu imagen especular. Aprenderás que los mejores resultados se alcanzan cuando esta imagen es el único aspecto de tu ensueño que está bajo control consciente. Después, en la meditación creativa, podrás aplicar esta técnica a problemas específicos o dirigirla a fines determinados.

Empieza tu práctica del ensueño dedicándote a las visualizaciones esbozadas en las siguientes páginas, usando las técnicas preliminares ya descritas para preparar el decorado y crear la imagen especular. Hasta que te familiarices lo bastante con los ejemplos para que tu memoria te guíe por ellos haz que alguien te los lea en voz alta. Ése es el procedimiento que seguimos en mis clases. Mientras los estudiantes están sentados en un estado relajado pero alerta, les describo el decorado y la acción. Al principio, lo experimentan con el ojo de su mente, con su imaginación. Después, llegan a estar tan implicados en las experiencias que tienen durante el ensueño que ya no necesitan imaginar conscientemente; los sucesos y sus pensamientos y reacciones a éstos llegan a ser muy reales.

Cuando ya hayas investigado estos ensueños, empieza a crear otros. Sigue a tu curiosidad e imaginación y pondrás en escena argumentos que serán especialmente significativos para ti.

ESCULTURA DE BARRO

Visualiza tu paisaje, e imagina que hay un montón de barro con agua (una charca, un arroyo, un lago o un océano) cerca de él. Tu imagen especular se acerca al barro y comienza a moldear con él una escultura que te representa a ti. Observa el ambiente mientras el segundo tú mezcla el barro con agua, lo amasa y forma la figura. Cuando la escultura esté acabada, haz que tu imagen especular retroceda y observe tu trabajo. Que haga modificaciones, añadiendo o quitando barro, cortando, volviendo a amasar, etcétera. Observa cómo se realizan estos cambios.

En el horizonte, cerca de tu estatua, advierte un fuego brillante. Coloca la estatua en el fuego y cuécela. Siente el calor de las llamas. Observa la realimentación que recibes al observar esto. Ahora las llamas se apagarán y desaparecerán. Siente la brisa y deja que el aire enfríe la estatua. Estudia la escultura terminada. ¿En qué se diferencia ahora, después de su cocción, de su forma inicial? Fíjate en todas las similitudes y diferencias entre tú, tu imagen especular y esta tercera forma de ti mismo. Cuando hayas absorbido por completo la realimentación de esta escena, fusiona la estatua con tu imagen especular. Después, ordena a tu imagen especular que vuelva a ti y fúndete con ella. Experimenta y registra toda la retroacción de esta situación de renacimiento.

SIETE PUERTAS

Crea un edificio de tres plantas en tu paisaje. Ordena a tu imagen especular que se acerque al edificio y entre en él por las puertas dobles que encontrarás allí. Baja tres peldaños, atraviesa la portalada y entra en un largo pasillo. Hay siete puertas a la derecha del pasillo y siete a la izquierda. Todas son de distintos colores; fíjate en el color de cada una. Anda por el pasillo y escoge una puerta de la derecha que desees abrir. ¿Hay algún rótulo en ella? En tal caso, fíjate en lo que dice. Después, entra en la habitación. No cambies nada de la habitación, simplemente observa lo que se te muestra. ¿Qué hay y qué tipo de retroacción recibes? ¿A qué se parece tu imagen especular? ¿Qué sensaciones físicas sientes? ¿Cuál es el ambiente general dentro de la habitación? ¿Qué es lo que más te impresiona? ¿Qué cambio tiene lugar? Recuerda lo que encuentres en esa habitación, porque más adelante podrás siempre volver a ella y hacer cambios conscientes. Ahora cierra la puerta cuando salgas, pero no la cierres con llave.

Después, escoge una puerta de la izquierda del pasillo. Comprueba si tiene un rótulo, y en tal caso acuérdate de él. Abre la puerta y entra en la habitación. Investígala. Sé un buen investigador; permanece muy atento a todo lo que puedas descubrir dentro de la habitación. Después de haberlo hecho, sal de la estancia, pero no dejes la puerta cerrada con llave, a fin de poder volver a entrar cuando quieras. Anda ahora hacia el extremo más alejado del pasillo. En dicho extremo hay un campo de fuerza que en ese momento actúa como espejo. Te enfrentas ahora con una imagen reflejada de tu segundo yo. Obsérvala; toma buena nota de las diferencias entre tus tres yoes. Después de haberlo hecho, date cuenta de que es un campo de fuerza por el que puedes moverte. Muévete por él, observando constantemente y registrando todas las retroacciones y todas las experiencias. Más allá del campo de fuerza hay una amplia habitación circular, con un suelo blando y sucio como de barro. No hay techo. Ve directo al centro de la habitación y advierte que estás moviéndote de sur a norte. En algún lugar de esa habitación está escondido un libro, enterrado a unos cinco centímetros del suelo. Estando en medio de la habitación, sé consciente de la presencia y colocación del libro. Ve hasta él y desentiérralo. Recuerda en qué dirección te has desplazado (oeste, noroeste, este, sur, sudeste o la que sea). Cuando hayas encontrado el libro, advierte que es un libro antiguo ilustrado. Ábrelo y hojéalo. Si te atrae alguna ilustración determinada, mírala un momento y registra en tu mente lo que te muestra. Después vuelve a colocar el libro en su lugar y date cuenta de que podrías encontrarlo de nuevo en cualquier momento.

Vuelve al centro de la habitación y camina hacia el sur, regresando a la entrada de la habitación, al campo de fuerza. Deja la habitación por ese campo, y vuélvete para observarte en el espejo cuando estés de nuevo en el pasillo. Observa otra vez cualquier cambio que haya tenido lugar, y cuando lo hayas hecho, vuélvete para mirar las puertas de la izquierda y de la derecha y advierte si todo está todavía tal como lo dejaste. Vete por el mismo camino por el que viniste, sube los tres peldaños, sal por las puertas dobles y regresas a la pradera por el sendero. Ordena a tu segundo yo que regrese y se funda contigo. Una vez más, registra todas tus experiencias y reacciones cuando repases y contemples el ensueño.

RÍO Y CAVERNA

Crea un río de rápido curso en tu paisaje. Imagina que este río fluye de ti, burbujeando justo debajo de ti y dirigiéndose al horizonte. Los márgenes del río están cubiertos de una vegetación frondosa, y tu imagen especular se pasea descalza por las orillas del río, alejándose de ti. Siente la tierra bajo tus pies. Abre los poros y percibe la actividad de las terminaciones nerviosas en tus pies. Te sientes revitalizado y lleno de energía. A lo lejos, en el río, tu segunda imagen encuentra una cueva. Siéntate cerca de la cueva y contémplala sosegadamente.

En algún momento, alguien o algo saldrá de la cueva despertado por tu atención. Permite que tu segunda imagen interactúe con ello y comprueba tus reacciones a ello sin cambiarlo, evaluarlo o interpretarlo. Recuerda lo que ha salido de la cueva. Será un excelente tema para una meditación creativa.

Advierte una entrada a la cueva que te atrae particularmente. Desplaza tu segunda imagen a través de ella. Está en un pasillo oscuro. Fíjate en tu entorno. Siente la textura áspera de las paredes de piedra y el frescor del aire. Sé consciente de cómo sientes y de qué es lo que percibes. Estate presente en la cueva. Luego camina por un pasillo hacia una caverna lateral. Allí hay otros seres. Experiméntalos, interactuando con ellos, y registra cuidadosamente tus acciones y reacciones. Abandona la caverna y atraviesa el pasillo hasta que llegues a una abertura que da al mundo exterior. ¿Qué encuentras allí? Experiméntalo y después regresa a la cueva. Anda por el pasillo y sal al exterior, a la orilla del río. Fúndete con tu segundo yo.

CINCO REINOS

Imagina que tu imagen especular, de pie en el paisaje, mira hacia arriba y ve un cubículo azul claro, inmóvil en el aire, dibujado en el cielo azul intenso. Flotas hacia él y lo rodeas, descubriendo que es del tamaño de una habitación pequeña. Fíjate en la forma que tiene. Descubre una entrada en el cubículo y penetra en él. Dentro, flota como si estuvieras en el vacío. Expande tu energía imaginando algo que te haga sentir alegre. Al flotar cerca del techo de la habitación, te das cuenta de que es agua y, subiendo, entras en ella. Pronto emergerás del agua para entrar en una sustancia cristalina brillante. Continúas flotando hacia arriba, a través de ese material, mientras la luz centellea y provoca reflejos a todo tu alrededor. De pronto habrás entrado en otra sustancia. Te desplazas por densas nieblas grises, mientras sigue tu viaje. Después termina la niebla. Entras en otro nivel. ¿Cuál es su sustancia? ¿Qué sensación te produce? Atraviésalo agudizando tu conciencia de ello hasta que llegues al siguiente reino, que se encuentra por encima de éste. Siéntete a ti mismo como estando dentro de ese reino, y observa todas sus características. Cuando hayas terminado allí, ve flotando lentamente hacia abajo, a través de cada uno de los otros reinos, deteniéndote sólo lo justo para sentirlos y advertir cualquier cambio que haya en ti o en ellos. Registra mentalmente toda la realimentación mientras dejas el cubículo. Funde tus dos yoes de nuevo.

SALA DE LOS ESPEJOS

Crea de nuevo el cubículo azul claro, y haz que tu segundo yo penetre en él. Esta vez el interior está completamente a oscuras. Crea luz en él. Ilumínalo expandiendo tu energía, alegrándote. Inmediatamente, tu segundo yo se enfrentará con miles de espejos. Desplázate y obsérvate desplazándote. Observa cada detalle desde todos los ángulos cuando te reflejes en los espejos. Registra tanto la realimentación como la forma en que tu segundo yo reacciona y actúa en esa situación. Pronto te va a ser difícil distinguir tu segunda imagen de todos sus reflejos. Mantén tu postura objetiva como observador. Luego, ordena a tu segundo yo que salga del cubículo y regrese a ti.

CUBO Y ESFERA

Imagínate el cubículo azul y a tu segundo yo flotando hacia él y rodeándolo, hasta que llegues a ser plenamente consciente de sus tres dimensiones. Tu segundo yo penetra de nuevo en el cubículo y expande su energía para iluminar el interior. Cuando esté suficientemente claro, te encontrarás en una habitación cuadrada y verás que ya hay allí alguien o algo. No crees a este ocupante, pero sé consciente de que te ofende y te disgusta mucho. Deja que tu segundo yo interactúe con él y fíjate en todos los cambios fisiológicos y emocionales. Cuando hayan cesado los cambios, observa una puerta del cubículo que te lleva a otra

76

habitación situada dentro de él. Penetra en ella. Está muy iluminada y es circular. Algo o alguien a quien quieres mucho te espera allí. No escojas conscientemente lo que vas a encontrar. Interactúa, y recoge la realimentación tal como hiciste antes.

Después, abre la puerta y trae al ocupante de la habitación cuadrada a la habitación redonda. Tu segunda imagen interactúa con ambos ocupantes. Observa cuidadosamente todo lo que allí ocurre y registra las retroacciones. Abandona el cubículo y regresa flotando a la pradera. Funde la imagen especular contigo mismo.

Fuentes personales y universales

He comprobado que los ensueños precedentes son eficaces para la mayoría de la gente. Sin embargo, deseo recordarte otra vez que debes ser tu propia autoridad por lo que respecta a lo útiles que te resulten a ti. Quizás otros decorados evocarán mejor a tu inconsciente. Hay muchas formas de crear ensueños. Una es la de confiar en una técnica antigua que pone en contacto a la gente con símbolos poderosos que repercuten en lo más profundo de nuestra conciencia: la narración de mitos y cuentos populares.

Los mitos cuentan historias, pero como todos los cuentos antiguos y tradicionales, se cuentan con un propósito. Transmiten mensajes, significados que no pueden comunicarse con el lenguaje corriente. Eso ocurre porque el significado de un mito es a menudo muy unitivo, refiriéndose no sólo a la mente y a los sentimientos, sino a un modo global de mirar el universo, y por lo tanto de mirarnos a nosotros mismos. Si un cuento así es eficaz para comunicar su significado, vibraremos con algún aspecto de él y nos reconoceremos en él. Lo cual constituye un rodeo para decir que el significado del mito está en su interior. La conciencia contenida en el mito forma parte de esa conciencia oceánica en la que cada uno de nosotros no somos más que una gota y cada célula de nuestro ser tiene una conciencia propia. Lo que sucede con cada unidad de conciencia se transmite a todas las demás. De ese modo los dioses están dentro de nosotros.

Los símbolos de todo tipo (palabras, imágenes, acciones) tienen una cualidad trascendental. Su origen se encuentra en un plano multidimensional que es inefable en un mundo tridimensional. Sin embargo, las representaciones simbólicas de estas realidades inefables nos permiten intuir la realidad trascendente. El símbolo es un mediador. Algunos símbolos son más bien generales, pero descubrirás las formas y variaciones que te sean más valiosas.

Al empezar a usar los mitos y símbolos para los ensueños, observarás la evolución de tu experiencia desde una comprensión ordinaria tridimensional hasta grados inefables. Al principio podrás identificarte a ti mismo dentro de los símbolos y fijarte en las reacciones específicas que éstos producen en tu organismo. Pero tarde o temprano te será difícil expresar tu experiencia con precisión. Probablemente te encontrarás diciendo: «Sonaba así o sabía así, pero no era exactamente eso». Ahora bien, ser incapaz de expresar tu experiencia con precisión no significa que no puedas usarla. Por el contrario, su inefabilidad indicará que has absorbido su significación en lo más profundo de ti, de una forma tan completa y tan difusa que ni siquiera tú puedes ya identificar sus límites. Conocerás ahora ciertos valores y realidades sobre ti mismo y el mundo que no pueden verificarse por la lógica ni ponerse en palabras de forma adecuada. Tu capacidad intuitiva no puede intelectualizarse y permanecer vital al mismo tiempo. Así que, para comunicar experiencias inefables, tendrás que recurrir al mismo método mediante el cual las recibiste: actos, palabras e imágenes simbólicos.

Evidentemente, este tipo de experiencia es muy personal. Por eso los símbolos no pueden ser aplicados eficazmente por otra gente, por lo menos en todos sus detalles. Cada cultura y cada individuo tienen que crear los símbolos y mitos adecuados para su desarrollo particular. Debemos seguir a nuestros corazones, tomar la responsabilidad de formar nuestros métodos de comunicación simbólica y hacerlos nuestros. Todo lo que se quede por debajo de eso es sólo comedia. Tenemos que reconocer nuestras propias experiencias a medida que avanzamos por estas técnicas diversas de autodescubrimiento; y una vez reconocidas, debemos aceptarlas como hijos nuestros. Esta aceptación produce inevitablemente el desarrollo de técnicas adecuadas y únicas, y de símbolos que serán muy significativos para cada uno de nosotros.

Déjame echar por tierra brevemente la idea de que los mitos no son sino elaboraciones de sueños y éstos, a su vez, tienen sólo significación psicológica porque sólo se refieren a la mente. La separación entre el médico y el psiquiatra en la medicina moderna constituye sólo otro ejemplo del estrechamiento de la autocomprensión en nuestra cultura. Para mí, los mitos son psicofisiológicos; tienen que afectar tanto al cuerpo y a la mente como al corazón, y por ende ser traídos por ellos. Aunque puedas manifestarte en un momento dado fundamentalmente de una forma mental, emocional o física, te será difícil negar el hecho de que cada vez eres tú mismo el que actúas. Eres un campo unificado de energía. Si los símbolos son de algún modo eficaces en nosotros, lo serán a todos los niveles de nuestro ser. Por lo tanto, no puedo aceptar que los sueños sean sólo sintomáticos de la dinámica de la psique; tienen que ser sintomáticos de la dinámica del cuerpo, de la mente, de la psique y de las emociones. En realidad, me atrevería a afirmar que todas las enfermedades están causadas por mitos mal entendidos. Es decir, la enfermedad es una consecuencia de haber vivido siguiendo una falsa interpretación de la realidad, de nosotros mismos y de nuestros valores.

¿Cuál es pues la diferencia entre el sueño y el mito? Tanto el sueño como el mito parecen nacer del inconsciente. No obstante, mientras que la mayoría de los sueños se originan en el subconsciente, los mitos provienen de una conciencia más elevada, de la mente paraconsciente. Las potencias mitológicas provienen del inconsciente, y tienen que viajar por el subconsciente para alcanzar la mente consciente. Así, los mitos constituyen los instrumentos más poderosos para la transmisión de nuestra más alta sabiduría interna al grado en el que actuamos de acuerdo con nuestras conceptualizaciones conscientes. Viajando por el subconsciente, los mitos suelen atraerse las cualidades oníricas. La energía pura de la mente paraconsciente viaja por la parte más baja de la conciencia, la mente subconsciente, y suelta los residuos de experiencias no aceptadas. Después lleva estas experiencias a la superficie, a fin de que puedan ser abordadas según la apreciación más comprensiva de nuestro mundo que los mitos derivados paraconscientemente nos han dado.

Así es como los mitos activan la energía vital de la totalidad de nuestro ser. Los mitos que han sido aceptados por la mente consciente son así capaces de expresar su contenido libremente, en una forma equilibrada de emoción, ya que la emoción es el vínculo entre la mente y el cuerpo. Sin un elemento emocional, nuestros cuerpos quedarían limitados a movimientos involuntarios y automáticos.

Resumamos. Las pautas de los mitos y de los cuentos de hadas se corresponden con la conciencia de la vida cotidiana que las creó. Dan una expresión simbólica a deseos, temores y ansiedades inconscientes, y también a potenciales inherentes, tales como el valor y el autoconocimiento.

Por el mito podemos llegar a una comprensión de las fuerzas profundas que siempre han conformado el destino de la humanidad, fuerzas que seguirán determinando tanto nuestra vida pública como privada.

Sería imposible incluir en este libro una exposición acabada de los mitos mundiales para que los pudieras utilizar como ensueños, pero me gustaría suministrarte algunos cuentos que parecen haber tenido significado para mucha gente. Los tres relatos que siguen son paráfrasis de antiguos textos griegos. Cuando busques otros mitos para usar como ensueños, recuerda que todas las culturas y tradiciones tienen fuentes muy ricas en tales cuentos. Hay muchos libros, fáciles de conseguir hoy, que parafrasean los antiguos cuentos. Por ejemplo, los *Cuentos de Tanglewood*, de Nathaniel Hawthorne, *El héroe de las mil caras*, de Joseph Campbell, y los cuentos de la India de Rudyard Kipling. Los libros de fantasía para niños a menudo también son muy profundos en cuanto a su simbolismo sutil. Tenemos, por ejemplo, *La llave dorada*, de George MacDonald, las colecciones de cuentos de hadas de Andrew Lang y todos los relatos de C. S. Lewis. Finalmente, puedes usar los mitos originales traducidos. *Las metamorfosis* de Ovidio y *La biblioteca de Apolodoro* son asequibles, y son particularmente adaptables para uso personal en el ensueño.

Al ser estas narraciones tan largas, y tan importantes sus detalles, te sugiero que te las lean en voz alta o que las grabes, de modo que las puedas escuchar cuando estés solo. Recuerda una vez más que el propósito del ensueño es aprovechar el depósito inconsciente de tu mente. Estate atento a todos los aspectos de tu experiencia del ensueño, particularmente a los poco comunes, que suelen ser efímeros. No te preocupes si en determinado momento de la lectura te evades hacia una aventura autocreada y dejas atrás el mito, así como la voz que lo lee, y toda la conciencia que no sea de tu propia experiencia. Mientras mantengas tu perspectiva como espectador pasivo que observa la imagen especular e inspecciona tranquilamente lo que sucede, recogerás la recompensa de tu meditación.

El dragón y el dios del sol

Zeus, el rey de los dioses, amaba a Leto, una mortal. Le dio un hijo glorioso y llamó al niño Apolo. Apolo creció rápidamente, como era propio de los dioses. Al llegar a adulto, Zeus le envió en un carro tirado por cisnes blancos, para que se hiciera con el oráculo de Delfos. Ningún lugar de Grecia era tan sagrado como Delfos. De las abruptas laderas del monte Parnaso subían humos sulfurosos procedentes de una profunda grieta. Una sibila, sacerdotisa de

Delfos, estaba sentada en un trípode, encima de la grieta, y los vapores la sumían en un sueño mágico, en un trance profundo.

En sus sueños, la sibila oía la voz de la madre tierra procedente de las profundidades y repetía las palabras misteriosas que oía. Los sacerdotes permanecían a su alrededor, y explicaban a los peregrinos que habían ido a consultar el oráculo de Delfos para saber sobre su fortuna el significado de las profecías que ella susurraba.

El oráculo estaba guardado por el dragón oscuro, Pitón, que yacía enroscado alrededor del lugar sagrado. La edad lo había hecho tan vil y tan malhumorado que la ninfa había huido del manantial sagrado cercano y los pájaros ya no se atrevían a cantar en los árboles. El oráculo había advertido a Pitón que el hijo de Leto lo destruiría algún día. Pitón había intentado devorar a Leto cuando ésta se paseaba buscando un lugar donde dar a luz a su hijo, pero ella había logrado escapar.

Cuando el viejo dragón negro vio al radiante Apolo que volaba hacia él en su carro dorado, supo que su última hora había llegado. Pero vendió cara su vida. Desató su furia escupiendo fuego y veneno, y su negro cuerpo escamoso no cesó de enroscarse y desenroscarse hasta que Apolo lo hubo atravesado con mil flechas plateadas. El veneno del dragón moribundo bajaba en torrentes por la montaña.

¡Qué victoria la de Apolo! Había conquistado el oráculo de Delfos. Entonces hubo luz y alegría en las antes sombrías laderas del monte Parnaso. El aire se llenó de dulces cantos, ya que los pájaros en el cielo y las ninfas del manantial sagrado regresaron para cantar las alabanzas de Apolo.

Pandora

Pandora fue moldeada por Hefesto, dios del fuego, a semejanza de la esposa de éste, Afrodita, diosa del amor. La esculpió en un pedazo de mármol blanco e hizo sus labios de rojos rubíes, y sus ojos de centelleantes zafiros. Atenea infundió vida a la escultura y la vistió con elegantes ropajes; Afrodita la engalanó con joyas y compuso una sonrisa triunfal en su roja boca.

Zeus puso en la mente de esta bella criatura una insaciable curiosidad. Después, le dio una caja sellada y le aconsejó que no la abriese nunca. Hermes trajo a Pandora a la tierra y la ofreció en matrimonio a Epimeteo, que vivía entre los mortales. Prometeo, hermano de Epimeteo, había aconsejado a éste que no aceptase nunca un regalo de Zeus, pero Epimeteo no pudo resistirse a la bella mujer.

Así fue como Pandora vino a vivir entre los mortales. Los hombres acudían de todas partes para admirar pasmados su belleza. Sin embargo, Pandora no era completamente feliz, porque no sabía lo que había en la caja que Zeus le había dado. No tardó mucho en ceder a su curiosidad, y acabó por lanzar una mirada furtiva. En cuanto abrió la tapa de la caja, escapó un enjambre de calamidades: codicia, vanidad, calumnia, envidia y todos los males que hasta entonces habían sido desconocidos para la humanidad. Horrorizada por lo que había hecho, Pandora cerró bruscamente la tapa, justo a tiempo para impedir que el último ocupante también escapara.

Las calamidades desatadas cayeron sobre los mortales. Su feliz y sencilla existencia se hizo complicada y penosa, al cargarse sus corazones con los males que la curiosidad les había acarreado. Mientras tanto, tras haber superado su espanto, Pandora se sentó cerca de la caja y empezó a preguntarse quién sería el último cautivo. Entonces oyó una vocecita procedente del interior de la caja. El poseedor de la voz le suplicaba y le rogaba que lo dejara libre. Al fin, Pandora no pudo soportarlo más; su corazón se había enternecido de compasión por la criatura de la caja. Levantó la tapa y de la caja salió un resplandor. Un minúsculo ser de frágil apariencia con alas tan finas como haces de luz salió volando. El pequeño ser explicó que Zeus lo había puesto en la caja con todas las calamidades, para que si éstas eran soltadas en el mundo, él lo fuese también. Entonces los mortales tendrían la oportunidad de alcanzar de nuevo la felicidad. El nombre del ser alado era Esperanza.

La bendición

Baucis y Filemón eran un viejo matrimonio sin hijos que vivían solos en el profundo bosque. Un día, dos viajeros llamaron a la puerta de su pequeña choza. A pesar de que eran muy pobres, el matrimonio recibió hospitalariamente a los fatigados viajeros. Baucis puso la mesa, que por ser muy vieja había perdido una de las patas; así pues, tuvo que sostener la esquina con una vieja vasija. Sirvió a sus visitantes un vino extraído de las pocas parras que crecían en el patio, mientras Filemón mataba a su único ganso.

Esta sencilla comida era apenas suficiente para cuatro personas, y pronto se acabó el vino. Mientras Filemón reflexionaba en cómo conseguir más, la jarra de vino volvió a llenarse hasta el borde. Entonces los anfitriones se dieron cuenta de que sus invitados eran Zeus y Hermes. Estaban pasmados de que los dioses hubieran visitado su humilde morada. En recompensa por su hospitalidad, los dioses les concedieron un deseo.

En lugar de desear grandes cosas, Baucis y Filemón convinieron en que sólo querían permanecer juntos. Su deseo les fue concedido, y más. Cuando se levantaron a la mañana siguiente y salieron fuera, se quedaron pasmados al ver que la cabañita se había convertido en un palacio de centelleante mármol blanco. Rebosando agradecimiento hacia los generosos dioses que tanto les habían beneficiado, Baucis y Filemón usaron el palacio como templo, y veneraron allí a los dioses hasta el fin de sus días. Murieron juntos, y fueron transformados en los dos árboles cuyas ramas superiores se entrelazan para formar un arco sobre la puerta del templo.

5. Meditación creativa

La preparación para la meditación ya se ha completado. Hemos cuidado de las necesidades de nuestros yoes físico y mental, y hemos corregido nuestra respiración, postura y actitudes, de modo que la meditación será realzada más que perturbada. Ya estamos en condiciones de ponernos a trabajar y de explotar las posibilidades de la mente paraconsciente, de abrir los canales que permitirán a las aguas de la intuición penetrar en nuestra conciencia.

Como puedes ver en la figura 4, las etapas del ensueño se repiten en la primera parte del ciclo de la meditación creativa. A pesar de que estas etapas no han sido específicamente mencionadas hasta ahora, las reconocerás porque ya las has experimentado. No las he mencionado hasta este momento a propósito, para que tus propias experiencias te condujeran a una comprensión de los términos. De lo contrario, las ideas preconcebidas habrían limitado tu experiencia.

Los ensueños se han desarrollado como visualizaciones dirigidas para iniciarte en tu mundo interior y ayudarte a

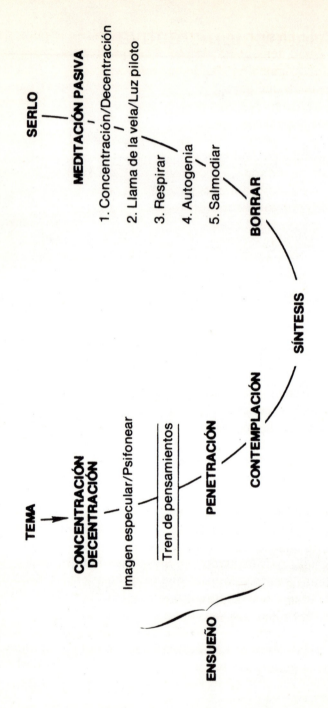

Figura 4. Meditación creativa.

descubrir un símbolo o tema del inconsciente que pudieras usar como tema para una meditación creativa. Para los ejercicios siguientes, escoge una imagen de tus experiencias de ensueño que haya sido particularmente atractiva o misteriosa para ti. También podrías usar un problema que se te plantee o un temor que te domine. Sin embargo, descubrirás que esta imagen consciente debe pasar por un proceso de transformación antes de que se revelen su fuente y su verdadera naturaleza. El ensueño es tan esencial porque puede realizar esta transformación. Cuando empezamos el ciclo completo de meditación, podemos investigar profundamente y conseguir una penetración psicológica del meollo del problema.

En este capítulo voy a conducirte a través de una meditación completa. La meditación creativa combina el proceso activo del ensueño con una contemplación pasiva. Hasta que no te familiarices con el proceso, te sería de ayuda que alguien te leyera la descripción o escucharas una grabación de la misma. Solamente una de las técnicas de esta etapa final, la salmodia silenciosa, precisa de una explicación preliminar.

Salmodia silenciosa

Las etapas finales de la meditación creativa están concebidas para profundizar en la actitud contemplativa que hemos llevado a cabo hasta ahora, y para asegurar que ni la mente consciente ni el cuerpo interrumpan el flujo de energía y la penetración psicológica que ahora podemos experimentar. Después de completar las técnicas de relajación autógenas del control de la respiración y la volición pasiva de una condición particular mente-cuerpo, salmodiamos la sílaba cósmica *om* (pronunciada «aum»).

Los Upanishads nos cuentan que el sonido *om* es la síntesis de todos los sonidos. Es la esencia de todas las manifestaciones del espíritu. Debido a eso, se la conoce como la *sílaba semilla*. Toda la potencialidad y todas las partes del universo están latentes dentro de este sonido. Si desmenuzamos la experiencia de *om* para entender el significado de dicha sílaba, podemos dividirla en las siguientes partes: *om* está formada por las letras sánscritas *a*, la conciencia subjetiva del mundo exterior; *u* la conciencia del mundo interior, y *m*, la conciencia de la unidad indiferenciada. En realidad, esta conciencia final no es tal conciencia, porque es una condición en la que la dualidad sujeto-objeto deja de existir. No hay distinción posible; por lo tanto, no hay conciencia. Es la feliz sumersión en el Nirvana, o la unión con Dios, o como dicen los budistas, «el estado de vacío absoluto». Si alguna vez alcanzamos este estado tan maravilloso, lo recordaremos como un momento de oscuridad deslumbrante. Eso es el vacío.

En las tradiciones espirituales de todos los tiempos y lugares, la salmodia ha desempeñado una parte muy importante en las ceremonias, y en la meditación y oración personales. El sonido puede usarse para integrar y desintegrar, y por eso supone un instrumento muy poderoso en la creación de diferentes estados de conciencia durante la meditación. De hecho, la sílaba semilla *om* es tan poderosa, y somos tan ignorantes en cuanto a sus misteriosas posibilidades, que sugiero a los estudiantes que la salmodien silenciosamente. En mis clases, cuando dirijo una sesión de meditación creativa, salmodio *om* en voz alta para que los demás puedan familiarizarse con las tonalidades e intensidades que descubrí que surtían más efecto en mí. Después de haberte hecho más experto en el uso de la meditación como instrumento para proporcionar autoconocimiento, puedes empezar a experimentar salmodiando en voz alta. Sigue la secuencia de los tipos de sonido sugeridos aquí, pero prueba con distintos tonos hasta que encuentres aquellos que más resuenen en tu mente y cuerpo. Los reconocerás inmediatamente porque te proporcionarán una intensa tranquilidad y armonía. Tonos distintos crearán condiciones distintas para ti. Cuando aprendas algunos de los secretos del sonido sutil, habrás logrado una clave importante de los misterios de la creación.

En el proceso de la meditación creativa, *om* se salmodia tres veces en cada una de las cuatro intensidades y tonos diferentes. (Véase figura 5.) Estas salmodias dividen el período de silencio en tres episodios. Cada vez que se profiere *om*, se realiza una respiración abdominal profunda, muy lenta, del siguiente modo:

Aspira profundamente.

Espira lo más lentamente posible, profiriendo *om*.

Permanece silencioso, respirando normalmente.

Los distintos episodios se caracterizan por lo siguiente:

1. Salmodia *om* suavemente tres veces, en un tono bastante alto. Los centros de energía de las glándulas pineal, pituitaria y tiroides son así activados, y aumentan las frecuencias de sus vibraciones. Eso crea una energía intensa y sutil que se desborda hasta el timo, o chakra del corazón, y luego se desplaza en torbellino hacia la base de la columna vertebral.

2. Salmodia *om* más fuerte, en un tono más bajo, tres veces. Durante esta secuencia, el plano emocional se activa. El plexo solar se estabiliza, y el chakra del corazón empieza a hacer subir las fuerzas físicas de los centros de energía inferiores. Luego, la energía de todos los centros se funde en el corazón, que actúa como el punto de apoyo de una palanca, para equilibrar nuestros planos mental, emocional y físico.

3. Salmodia *om* aún más fuerte, en un tono grave, tres veces. Este sonido estimula de nuevo un campo de energía y vibra en una frecuencia más alta. Sin embargo, este último tono afecta al campo que rodea a nuestro cuerpo físico. Este campo constituye el cuerpo doble o etéreo. Tiene exactamente la forma y silueta de nuestro cuerpo y nos rodea por completo. La intensidad y frecuencia de estas vibraciones crean el aura, que se prolonga fuera de nuestro cuerpo en muchas capas de distinto color y densidad.

Cuando los cuerpos sutiles son estimulados por el sonido para aumentar su acción vibratoria, se convierten en un

Figura 5. Salmodiar Om.

Primera salmodia

Om ～ Om ～ Om ～ Silencio

1 minuto ⟶ 1 minuto ⟶ 1 minuto ⟶ 5 minutos o más ⟶

Segunda salmodia

Om ～ Om ～ Silencio

1 minuto ⟶ 1 minuto ⟶ 1 minuto ⟶ 5 minutos o más ⟶

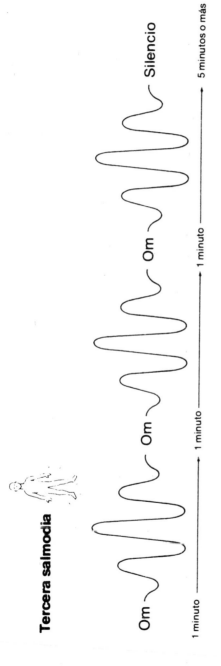

Tercera salmodia

Om — Om — Om — Silencio

1 minuto — 1 minuto — 1 minuto — 5 minutos o más

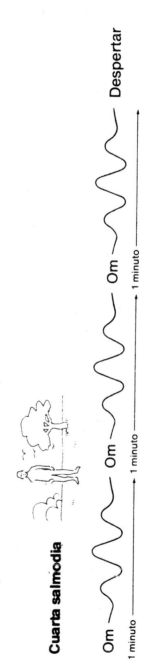

Cuarta salmodia

Om — Om — Despertar

1 minuto — 1 minuto — 1 minuto

escudo protector a nuestro alrededor. A menudo somos interrumpidos en nuestra concentración por diversos grados de incomodidad o por sensaciones sutiles que parecen no tener ni origen ni causa. Lo que ocurre en esos momentos es que recibimos información a través de nuestra sensibilidad psíquica. En efecto, hay una base física para la llamada actividad psíquica. La energía es tan auténtica como cualquier otra clase de energía, sólo que es más sutil de lo que nuestros desafinados sentidos pueden advertir. Cuando creamos una vibración elevada y clara a nuestro alrededor, ninguna vibración más baja y densa puede introducirse en nuestra conciencia. Tales energías bajas son, literalmente, consumidas; son aplastadas por un campo de energía mucho mayor con el que entran en contacto.

4. Salmodia *om* en voz más baja, en el tono más grave, tres veces. Se propone esta serie final de *om* para volverte a tu conciencia vigilante. La conciencia de meditación puede ser tan expansiva y tan alta que el bajar puede resultar violento, producir conmoción o incluso depresión. Pronunciando *om* en un tono muy grave permites al globo de meditación de helio que se deshinche lentamente, y tu nueva entrada se suaviza. No te despertarás confuso y desorientado, sino que saldrás de la meditación como debes. La verdadera expansión consiste en tener la cabeza en los cielos y los pies firmes en la tierra.

Un modelo para la meditación

Tras los preparativos consistentes en adoptar una posición adecuada, regular la respiración por medio de la respiración paradójica y obtener un tema para el ensueño, empezamos. Crea una imagen tridimensional del tema e imagínalo a pocos pasos delante de ti. Ya sea el tema un símbolo (como una forma geométrica) o una situación compuesta de muchas partes, concéntrate en él de modo que empieces a percibir su realidad. Visualiza cada detalle: color, forma, textura, olor, sonido y sabor. Una vez hayas confirmado tu tema, *decéntrate* de todo lo demás. (*Decentrarse* quiere decir no distraerse ni encantarse con nada que rodea al objeto de concentración.) Céntrate en el tema y deja de tener conciencia de cualquier cosa fuera de él. Abstente de cualquier interrogatorio lógico o especulativo sobre el tema; no lo evalúes ni pongas esperanzas en el resultado de tu meditación. Concéntrate, simplemente, en el tema, y *decéntrate* de cualquier distracción. (Véase figura 4.)

Imagen especular

Tan pronto como te hayas concentrado y decentrado, crea tu imagen especular, y ve cómo esta imagen de ti se acerca al tema. Mira a tu yo, distanciándose de ti. Fíjate en cómo vas vestido, y haz todas las demás observaciones que puedas. Luego, mira cómo esta imagen especular entra en el tema. Al llegar a este punto, y posiblemente en otros momentos durante la meditación, un tren de pensamientos puede interponerse e impedir tu concentración. Maneja este tipo de intervención, permitiéndola. No luches contra ella; de lo contrario emplearás más energía en este obstáculo de la que empleas en tu meditación. Lo convertirás en una interferencia mayor, suministrándole energía. Permite que los pensamientos circulen ininterrumpidamente, como si estuvieras mirando un tren. Reconoce tranquila y pasivamente que hay pensamientos y que tal como empezaron, así acabarán. Cuando acaben, cuando haya pasado el tren, cruza las vías y empieza de nuevo a interactuar con el tema por medio de tu imagen especular. (Véase figura 6.)

Penetración

Penetra en el tema. Ordena a tu imagen que se funda en la escena o que tome contacto con el símbolo, y mira lo que ocurre. Como en el ensueño, debes seguir siendo un observador objetivo, mientras tu segundo yo desempeña el papel subjetivo en la situación que has creado. No empieces deci-

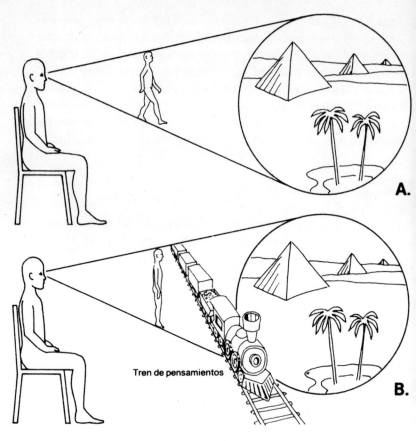

Tren de pensamientos

Figura 6. La imagen especular.

diendo conscientemente cómo debes comportarte; permite que ocurran las cosas, y observa cómo tu segunda imagen maneja la situación. Tienen lugar cambios inconscientes, así que sigue siendo simplemente un espectador atento. Al mismo tiempo, siente tu interrelación con lo que estás mirando. Obtendrás una realimentación dentro de tus sentimientos y dentro de tu propio cuerpo, que además te revelarán mensajes de la mente subconsciente. En la meditación creativa, el único «psifoneo» consiste en este encuentro inicial de tu imagen especular con el tema. Por lo tanto, no dirijas la imagen una vez la hayas engendrado.

Contemplación

Contempla la escena que está delante de ti. Desde tu situación ventajosa fuera de la acción, observa, controla y registra todo lo que veas, digas, sientas o percibas del modo que sea. Tampoco realices ahora ninguna acción consciente. No hagas evaluación alguna; no provoques ninguna alteración en lo que observes. No intentes desarrollar ningún detalle, interpretándolo; si lo haces, despertarás inmediatamente a tu mente racional y consciente, la cual colocará más carga en el ya descrito tren de pensamientos, y éste pasará con estruendo, obstaculizando tu visión. Es también importante no censurar ni descartar nada de lo que observes. Todo lo que puedes percibir es válido. Es imprescindible que aprendas a admitir y a dar validez a todas las imágenes e información expuestas durante la meditación. Sólo entonces oirás la voz de la mente superior y sabrás que te has librado de las limitaciones de la racionalidad.

La contemplación es una observación intensa y pasiva. En realidad se trata de un proceso autógeno (autorregulador) basado en la volición pasiva, que solamente es posible, a su vez, por la fe y la confianza en ti mismo. No necesitas comprobar tus experiencias interiores mediante un análisis lógico ni basándote en la opinión de otra gente, porque sabes que en el fondo tú eres la única verdad.

Síntesis

Después de contemplar la escena y registrar toda la realimentación que has obtenido de ella, sintetiza. Crea en tu interior un sentimiento de alegre excitación, evocando una imagen o suceso que provoque este efecto en ti. Siéntete alegre, siéntete exuberante, y luego siente tu energía, que es activada y que se expande. Imagina esta energía resplandeciente en la escena, rodeándola primero, y luego impregnándola con una luz de un blanco inmaculado. Cada detalle de la escena se hará más claro, y tú te harás más consciente del significado y del objetivo de la escena en conjunto. Recuerda estas revelaciones, pero no te detengas a considerarlas. No apartes tu foco de atención de donde se genera la luz.

Borrar

Permite que la blanca energía se haga tan brillante que disuelva efectivamente la escena que has estado mirando. Mientras la escena se desvanece y se transforma en la energía misma, échale una última mirada; luego deja que se vaya. Si todavía queda algo, bórralo conscientemente. Percibe sólo un blanco vacío ante ti.

Concentrar y decentrar

En medio de este espacio blanco y claro, empezamos la etapa pasiva de la meditación creativa. Extiende tu mirada y date cuenta de que el resplandor que ves es en efecto la llama de una vela. Ajusta tu perspectiva hasta que veas una vela encendida a pocos pasos delante de ti. Contempla esta imagen. ¿Ves cuánto nos dice acerca de nuestro ser? Advierte cómo se derrite la cera densa cuando el oxígeno del aire se une con la energía que se libera del pabilo para formar la llama. La energía sutil y la cera densa se unifican para crear la luz visible. La cera se vuelve blanda, fluida y moldeable. Mírate ahora a ti mismo como una vela simbólica. Tú también necesitas la energía del interior de tu cuerpo y el oxígeno de la atmósfera para perpetuar la llama de la conciencia.

Todas las partes del mundo físico así como todas las sensaciones constituyen indicadores de una existencia mucho más poderosa, demasiado sutil para poder ser experimentada en sí misma. El oxígeno que respiramos, por ejemplo, es el símbolo del prana, la energía o espíritu vitales. En las tradiciones orientales, la palabra *prana* significa tanto «espíritu» como «respiración». Es asombroso que en occidente se produzca una equivalencia semejante. La palabra griega para designar «respiración», *pneuma*, también significa «espíritu». Así, el introducir aire en nuestro cuerpo supone una expresión simbólica del introducir energía vital en nuestro ser. Cuando nos concentramos en esta percepción de nuestra respiración, percibimos transformaciones sutiles en nuestro interior. Luego, como en la meditación sobre la llama de la vela, experimentamos la fusión de energías internas en nuestra columna vertebral (como el pabilo de la vela), y la expansión de energía que resulta llena de luz nuestra cabeza (como la llama de la vela). Cuanto más fuerte sea la llama, esto es cuanta más energía tomemos de ambas fuentes, integrándola con armonía, más clara será nuestra conciencia.

La llama de la vela

Hay muchas maneras de usar la imagen de la llama de la vela para animarte a profundas expansiones de conciencia en la meditación. Por ejemplo, entrecierra los ojos mentalmente, y ve cómo los rayos de luz se extienden desde la vela en todas direcciones. Sigue a uno de estos rayos hasta la periferia de tu visión y luego más allá. Síguelo como si hubiera una cuerda que te uniese con su término. ¿Cuál es éste? El origen y la causa de la luz es el cosmos entero. Sigue al rayo de luz y experimenta su origen lo mejor que puedas.

Del mismo modo, puedes imaginar la llama de la vela y seguir a uno de los rayos que irradia hacia ti, hacia tu corazón. Ve con él, y siente que esta parte de tu cuerpo se vuelve cálida y vibrante. Deja que el calor palpitante se extienda por todo tu cuerpo y que te rodee. Al hacerlo, date cuenta de que este palpitar se funde con las vibraciones que se mueven eternamente en el cosmos. Es uno con ellas. Todas las diferencias entre interior y exterior, entre tú y el universo, se disuelven en este calor vibrante.

Esta expansión de energía también nos beneficia físicamente. El calor de la llama funde la cera de la vela y ésta se vuelve más dúctil. Nuestro cuerpo reaccionará a nuestro calor de forma parecida: se volverá más flexible, menos sobrecargado por su anterior rigidez. Así, mientras contemplas la llama de la vela, siente que tu energía se extiende en todo el espacio a tu alrededor. Siente que tu cuerpo afloja suavemente cada músculo tenso y que somete su resistencia al calor que te llena.

Luego borra conscientemente la vela. Con los párpados entreabiertos levanta la mirada hacia arriba, como si estuvieras intentando ver tu coronilla. No tenses los músculos, pero esfuérzate en mirarla lo más arriba y lo más atrás que puedas. Muchos de nosotros nos hemos vuelto tan perezosos en el uso de nuestros ojos que este ejercicio puede resultar al principio un poco doloroso. Después de haberlo practicado durante algún tiempo, los músculos serán más fuertes y ya no causará dolor. Puede que empieces a advertir como resultado un perfeccionamiento general de tu visión.

Luz piloto

Puede que al seguir mirando detrás de tu cabeza tus párpados tiemblen ligeramente. No te preocupes; simplemente acepta esta actividad corporal como lo hiciste con el tren de pensamientos. Concéntrate en tu propósito, que es el de visualizar un puntito de luz arriba de todo y atrás de tu cabeza. No dudes en imaginar la luz al principio. Visualiza o siente este minúsculo punto de energía muy concentrada. Está vibrando muy deprisa, como un minúsculo sol girante, un remolino o un ciclón. Luego parecerá como si estuvieras mirando por un largo cilindro en cuyo interior hay grabada una estría en espiral. Al final de todo este cilindro está la luz que viste el principio. Ordena mentalmente a tu mirada que avance por el cilindro como si fueras por un túnel.

Cuando llegues al final del túnel, surgirás a una luz que lo abarca todo, que penetrará en cada célula de tu ser. Luego, serás inundado por una hermosa luz blancodorada. Al mismo tiempo, observarás que tiene lugar un cambio fisiológico, mientras la energía en forma de calor empieza a calentarte: primero el abdomen, luego el plexo solar, el pecho, el cuello y mandíbulas, las mejillas y luego sube muy lentamente hasta que parece que tu frente se calienta. Puede darse el caso de que comiences a sudar ligeramente, y notes un calor agradable y relajante por todo el cuerpo. Muy pronto este calor se transformará en un campo de energía, irradiando por todo tu cuerpo en forma de luz de un blanco brillante. Sentirás como si tu cráneo estuviera lleno de destellos de luz, y hasta puede que percibas en ese punto una ligera expansión.

Luego, imagínate que tienes un reflector en la frente que puedes encender. Cuando lo hagas, la luz de tu interior irradiará y llenará el espacio a tu alrededor. No des ninguna dirección a la luz, pero permite que fluya de tu frente cuanta más luz mejor. Esta energía funcionará como cualquier otro campo de energía. Formará automáticamente un vórtice que te rodeará y así te expandirá. Sigue reconociendo y registrando pasivamente todas tus experiencias durante este tiempo.

Luego serás sumergido en un campo de elevada energía sutil donde no puede penetrar energía densa ni inferior. Te habrás rodeado de una luz blanca protectora y estarás preparado para entrar en el silencio.

En primer lugar, nos abrimos completamente, limpiándonos con la respiración.

Respirar

1. Aspira por las dos ventanas de la nariz con una respiración abdominal profunda. Contén la respiración.
   Suéltala con un suspiro.
   Mantenla fuera durante unos segundos.
2. Repítelo.
3. Aspira por las dos ventanas de la nariz; contén la respiración.
   Cierra la ventana derecha apretando el lado derecho de la nariz con el dedo.
   Suelta el aire por la ventana izquierda con un suspiro. Mantenlo fuera.

4. Aspira por ambas ventanas; contén la respiración.
   Cierra la ventana izquierda.
   Suelta el aire por la ventana derecha con un suspiro.
   Mantenlo fuera.
5. Repite los pasos 3 y 4.
6. Aspira por ambas ventanas con una respiración abdominal profunda.
   Contén la respiración durante más tiempo.
   Suelta el aire con un suspiro rápido y relajado.
   Mantenlo fuera durante más tiempo.
7. Repite el paso 6.

Autogenia

No prestes más atención a tu respiración. Confía en que tu cuerpo será autorregulador y armónico en la próxima etapa. Dite silenciosamente:

Estoy en paz. Sí, estoy en paz.
Mi frente está fresca; mi plexo solar caliente.
Mis brazos y piernas son pesados y están calientes.
Mentalmente estoy alerta, y despierto espiritualmente.
Frente fresca, plexo solar caliente.
Brazos y piernas pesados y calientes.
Mentalmente alerta, espiritualmente despierto.
Estoy en paz. Sí, estoy en paz.
Frente fresca, plexo solar caliente.
Latido tranquilo y suave.
Brazos y piernas pesados y calientes. Todo va bien.
Estoy mentalmente alerta, y despierto espiritualmente.
Tengo el alma, la mente y el cuerpo completamente relajados.
Y ahora puedo entrar.
Ahora puedo entrar en el silencio.
Y crear a intervalos los sonidos *om* en mi mente y en mi cuerpo.

Salmodiar

Aspira profundamente y, mientras espiras, exhala *om* despacio y en silencio. Concéntrate en el sonido solamente; síguelo a donde vaya y siente la expansión y activación de diferentes aspectos de tu ser en respuesta a él. Observa esta actividad, regístrala y ve más allá, siguiendo siempre el sonido. No reacciones a tus respuestas fisiológicas o psicológicas. Recuerda que estás aquí no para evaluar o analizar, sino para experimentar.

No hay nada que temer ni de lo cual protegerte, así que no te preocupes por ninguna sensación ni sentimiento extraño que puedan surgir. Prosigue con la salmodia que conduce al silencio. Sumérgete en la fase de silencio y vuelve a salir de ella para empezar la siguiente secuencia de salmodia. Puedes permanecer en silencio durante un rato largo o corto. No te preocupes por la duración de tu salmodia; concéntrate solamente en permitir a la energía que fluya, y fluye con ella.

Despertar

Cuando completes los tres episodios de salmodia y silencio, vuelve a la conciencia vigilante por medio de una serie final de *oms* ajustados a un tono muy bajo. Sé consciente de tu cuerpo y de tu postura. Adáptate a tu entorno. Cuando se haya acabado esta salmodia, abre despacio los ojos. No salgas precipitadamente de un estado de meditación. Haz que la transición sea suave y prudente, de modo que permanezcas en un estado equilibrado y tranquilo. Si lo haces, aumentarás tu capacidad de reflexionar sobre lo que ocurre durante la meditación. Ahora es el momento de recordar todas tus penetraciones psicológicas, sensaciones, emociones y visiones, y de ser consciente del aspecto de la meditación creativa con el que cada una estaba relacionada.

Serlo

La reflexión constituye una parte de la etapa final de la meditación creativa. Recuerda lo que ha ocurrido en ella y trata de entenderlo e integrarlo. Esta parte tardará mucho en completarse, porque va de acuerdo con un complemento: actuar.

La meditación creativa sólo está acabada cuando hemos actuado conforme a nuestras penetraciones psicológicas. Cada vez que lo hacemos obtenemos una nueva realimentación del mundo y debemos reflexionar e integrar de nuevo. Así pues, la meditación creativa es una espiral que empieza cuando asumimos la responsabilidad de nuestras vidas y situamos toda nuestra objetividad en el autoconocimiento.

6. Salud y energías humanas

La meditación creativa nos enseña que vivir es la meditación definitiva. Aprendiendo a utilizar la mente paraconsciente como fuente de inspiración creativa, expandiremos nuestra conciencia hasta que estemos inspirados creativamente en todas nuestras acciones, pensamientos y palabras. Esta expansión ya no estará limitada a momentos aislados de meditación concentrada. *Cada* momento se vivirá como una meditación.

Para la mayoría de nosotros, esta conciencia expandida es todavía una meta, y no un estado manifiesto. Uno de nuestros mayores obstáculos es nuestro temor al cambio, porque, tal como he observado, para crecer debemos morir. Así, en un intento de evitar la muerte —que es en realidad una parte esencial de la vida—, tratamos de parar o de helar el flujo.

Los desequilibrios de la mente y el cuerpo que sufrimos todos, en un momento u otro, son el resultado de la energía bloqueada. Cerramos el flujo por nuestro temor al cambio o a enfrentarnos con la realidad. Empezamos a perder la sensación de que nosotros mismos somos cocreadores de este mundo, y contemplamos con espanto el poder aplastante de un universo fatídico y mecánico. Nos olvidamos de nosotros mismos, y sólo somos conscientes del mundo exterior, que nos amenaza con la maldad, la soledad y el fracaso. Cuando tememos a la vida, no crecemos. Finalmente, nuestra rigidez puede llegar a un estado de tensión tal que se manifieste en nuestros cuerpos por medio de migrañas, enfermedades del corazón, cáncer o cualquiera de los demás trastornos relacionados con el estrés.

¿Cómo podemos evitar este ciclo de temor y represión? Podemos empezar prestando atención al estado de nuestro cuerpo, no sólo en cuanto a los aspectos externos y obvios, sino en cuanto al flujo completo de energía, que constituye nuestro espíritu vital. No te concentres en problemas o síntomas específicos. En vez de eso, aprende a ser consciente de dónde y cuándo bloqueas la energía, y de cómo puedes liberarla. Ésta es una de las aplicaciones más valiosas de la técnica de la meditación creativa.

En los capítulos 6 y 7 demostraremos algunas de las maneras en que los métodos de la meditación creativa pueden mitigar las obstrucciones de energía. Estos métodos son particularmente útiles cuando son dirigidos a los centros de energía del cuerpo, los chakras. Si el flujo de energía que pasa por estos centros es controlado y, de ser necesario, corregido, nos convertimos en transmisores de energía más que en contenientes, en baterías más que en bloqueos. Entonces, la vida empieza a experimentarse como el proceso continuo de transformación que realmente es. Crecemos, y también ayudamos a los demás a crecer.

Autocontrolarse

En primer lugar, necesitamos investigar algunas de las maneras más sencillas de autocontrolarse y de regular el flujo de energía. La práctica del autocontrol puede empezar con un procedimiento tan simple como éste: educa a tu mente consciente para que te haga saber cuándo algo desacostumbrado está aconteciendo en tu cuerpo. Cuando percibas un indicio de mal funcionamiento, inspecciona tu cuerpo. Empieza por los pies y sube poco a poco: este pie no se mueve tan suavemente como el otro, tengo las pantorrillas demasiado tensas y debo ocuparme de relajarlas, etcétera. Examina mentalmente cada parte de tu cuerpo. Si no estás seguro de la realimentación que obtienes, utiliza un ensueño. Crea una imagen especular y ordénale que recorra tu cuerpo e inspeccione todos los órganos y su funcionamiento. Si algo te parece raro, concéntrate en ello. Rodéalo de luz como aprendiste a hacerlo en el proceso de la meditación creativa, o imagina que tu aliento es aspirado y espirado a través de este punto de tu cuerpo.

Si sientes una acumulación de energía que puede hacerse densa y estancarse si se detiene demasiado rato, puedes usar otro ejercicio para tener un alivio transitorio. Sin embargo, tampoco éste impedirá otra experiencia de tensión si sigues absorbiendo energía densa sin transformarla inmediatamente.

Para entender por qué surte efecto este ejercicio, tienes que darte cuenta de que eres una batería humana que puede volverse inactiva con energía densa. Para recargar esta batería, debes usar tus tomas de tierra, es decir tus piernas y pies. Para que estas tomas de tierra sean eficaces, no deben tener ningún material aislante a su alrededor. Tus zapatos deben tener suela de cuero, y tus calcetines deben estar hechos de una fibra natural, como el algodón o la lana. Todos los plásticos o vinilos son materiales aislantes. Así que, si lo que llevas es aislante, debes hacer este ejercicio descalzo.

Tu batería necesita dos cables de empalme, dos polos de energía: tus brazos y tus manos. A pesar de que los verdaderos cables se identifican como positivo y negativo y están recubiertos de distintos colores, no hay diferencia esencial entre ellos; se distinguen solamente para evitar que cruces los cables. Tus manos pueden funcionar como cables de empalme; una puede ser la mano que envía, emitiendo energía, y la otra será la mano que recibe, absorbiendo energía.

Para empezar, colócate una mano abierta y plana en el plexo solar, entre las costillas y el ombligo. La mano debe apoyarse suavemente sobre este punto; no hay necesidad de ejercer presión alguna. Ése es el aparato emisor. La otra mano la colocarás detrás del cuello, con la cara interna de los dedos apoyada a lo largo de las vértebras cervicales: el meñique en el atlas, el índice cerca de la primera vértebra torácica, y el corazón y el anular espaciados entre ellos de forma regular. Puedes imaginarlo como si tuvieras los cuatro dedos dispuestos sobre el teclado de un piano. Aplica una ligera presión y mantén los dedos firmemente apoyados en estos puntos por espacio de tres minutos.

Durante ese tiempo, tu mano emisora (en el plexo solar) impulsa la energía obstaculizada hacia arriba, hacia el cuello. Pronto se originará una circulación entre las dos manos, liberando la energía y permitiendo su fácil descarga.

Después de tres minutos, cambia la posición de las manos y con ello el flujo de energía, poniendo en el cuello la mano que estaba delante, y la mano del cuello en el plexo solar. Mantenlas así otros tres minutos, mientras imaginas la energía desplazándose entre ellas.

Estos ejercicios ofrecen un alivio a corto plazo de un estancamiento de energía; pero si se quiere que el flujo de energía se mantenga constantemente a niveles óptimos, cada uno de los centros (chakras) debe funcionar bien. Si cualquiera de ellos funciona mal, la emisión de energía no será pura, y la energía que se retenga se estancará, dando lugar a una enfermedad. Un organismo con buen funcionamiento difundirá exactamente la misma cantidad de energía que absorbe. Cualquier desigualdad en este punto indicará que algo de energía está siendo retenida y por lo tanto no es reciclada.

Toda la energía tomada debe ser transmutada por el organismo (ése eres tú) y al ser transformada, modificada y manipulada, se purifica y luego se libera. Este modelo de energía es un modelo de nuestras vidas: tenemos que estar abiertos al mundo, a los demás, a las ideas, actividades y energías; pero no es menos cierto que necesitamos ser expresivos y estar implicados no sólo física y emocionalmente, sino también intelectual y espiritualmente. La pequeña circulación que iniciaste haciendo el ejercicio tensión-liberación constituye también un paradigma de la vida: debes estar implicado en una circulación equilibrada entre tu yo entero y el mundo que te rodea.

Chakras

Usando las técnicas de la meditación creativa podemos hacer una inspección cotidiana de los chakras y reajustar cualquier funcionamiento anormal que observemos. Lo cual puede convertirse en un aspecto esencial de la medicina preventiva, porque nos permite descubrir pronto las enfermedades.

Sin embargo, como provecho más general está el que nuestro estado global de energía se elevará y se volverá más consistente. Nos haremos más responsables y más fuertes, y podremos asumir tareas mayores, porque estaremos menos condicionados por humores incoherentes, enfermedades y malestar general.

Cada uno de los siete chakras tiene un modo particular de transformar la energía (véase figura 7). Empezando desde arriba, el chakra de la coronilla (cuerpo pineal) recibe y transmite la energía; el chakra de la frente (glándula pituitaria) sintetiza y desintetiza la energía; el chakra de la garganta (tiroides) expresa la energía; el chakra del corazón es el área de transmutación de la energía; el chakra del plexo

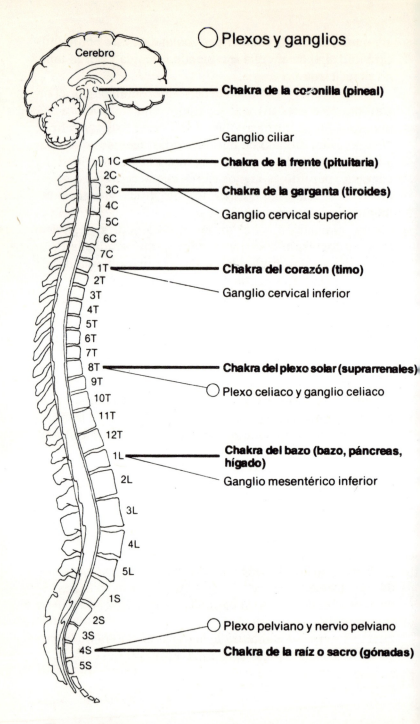

○ Plexos y ganglios

Cerebro

Chakra de la coronilla (pineal)

Ganglio ciliar

1C — **Chakra de la frente (pituitaria)**
2C
3C — **Chakra de la garganta (tiroides)**
4C — Ganglio cervical superior
5C
6C
7C
1T — **Chakra del corazón (timo)**
2T
3T — Ganglio cervical inferior
4T
5T
6T
7T
8T — **Chakra del plexo solar (suprarrenales)**
9T
10T ○ Plexo celiaco y ganglio celiaco
11T
12T
1L — **Chakra del bazo (bazo, páncreas, hígado)**
2L — Ganglio mesentérico inferior
3L
4L
5L
1S
2S ○ Plexo pelviano y nervio pelviano
3S
4S — **Chakra de la raíz o sacro (gónadas)**
5S

Figura 7. Relación de la columna y de las glándulas endocrinas con los chakras.

solar se ocupa de la energía emocional y física, del dolor y del placer; el chakra del bazo es el centro de reserva; el chakra del sacro (gónadas) es el depósito. El tanque de reserva de energía (bazo) entra en funcionamiento solamente cuando el depósito está vacío.

La actividad de los chakras resulta de la condición de nuestros estados físicos, mentales, emocionales y espirituales en cada momento. Aunque a menudo oigamos la expresión «abrir los chakras», ésta no describe lo que ocurre realmente. En realidad, ningún chakra está nunca cerrado. No estarías vivo si alguno de ellos estuviera cerrado; ése sería tu fin, cualquiera que fuese el chakra. El flujo de energía de un chakra a otro es continuo y dinámico. Tanto si es visible como si no lo es, existe siempre, a pesar de que pueda variar en su nivel de actividad.

Los extremos de superactividad o de infraactividad producen el desequilibrio que lleva a la enfermedad. Una baja actividad reprime todas las funciones corporales, porque los órganos no han repostado lo bastante como para trabajar como deben. Una superactividad consume las sustancias nutritivas que alimentan a los órganos. En ambos casos el resultado es el mismo: no recibimos el alimento que necesitamos para seguir generando y ser creativos en nuestras vidas. Por consiguiente, lo que procuramos llevar a cabo en las meditaciones sobre los chakras es *regular* el flujo de energía, no necesariamente aumentarlo.

En las meditaciones sobre los chakras, identificamos cada chakra con un color. Los colores son determinadas vibraciones de energía que son percibidas por nuestros ojos y mente como rojo, verde, etcétera. Del mismo modo, los centros de energía del cuerpo vibran a una frecuencia determinada en su transmisión de energía. La pauta de energía alrededor de cada chakra, tal como se ve por su aura, tiene la forma de un vórtice. El color destinado para este vórtice del chakra indica la frecuencia media en la que éste actúa.

El vórtice del chakra actuará muy pocas veces por completo en esta frecuencia porque la energía estará siendo irradiada en ondas y ritmos. Según como funcione aquel chakra y según sus relaciones con los demás chakras del organismo, habrá manchas de otros colores en varios puntos del vórtice. Cuando el chakra está emitiendo energía de modo equilibrado, el color será muy pálido, pero será la frecuencia del color puro la que caracterice al chakra.

Un tono pálido indica que la transmisión de energía es alta, sutil y buena. Si un centro determinado no difunde toda la energía que recibe, y si la química de ese centro no transforma toda su energía, entonces su salida será densa y pesada. El aura de esta chakra aparecerá, pues, estrecho y oscuro porque la transmisión estará obstaculizada, y el nivel de irradiación no será muy alto.

El ser físico es un órgano para transformar la energía en materia y ésta otra vez en energía. Las vibraciones de una determinada frecuencia que emanan de cada chakra tienen un efecto de transformación en ciertas partes del cuerpo. Cuando un órgano tiene un funcionamiento anormal, quiere esto decir, generalmente, que el chakra que lo nutre está también desequilibrado.

Los chakras son los órganos de la anatomía humana sutil. Estos centros de fuerza pueden estar en equilibrio armónico unos con otros. Producen una onda de resonancia que a un nivel determinado se manifiesta como un ser individual y a otros niveles se mezcla con la trama de energía total de nuestro entorno universal. Los libros sagrados orientales hablan del universo total como de un mandala gigante o de una rueda que se mueve en espiral y que contiene innumerables ruedas microcósmicas. La palabra *chakra* proviene de la palabra sánscrita que significa «rueda». Los que están capacitados para percibir los chakras los describen como vórtices de colores, sonidos y densidades cambiantes, un poco como diáfanas flores de correhuela, o con el aspecto de la superficie del agua moviéndose en espiral en un remolino.

Cada uno de los siete chakras tiene como complemento exterior una de las siete glándulas principales del cuerpo, cuyas funciones actúan recíprocamente unas con otras de un modo todavía misterioso para la ciencia. La energía de cada chakra parece ser dirigida desde cierta zona de la espina dorsal (véase cuadro siguiente).

LOS SIETE CHAKRAS

Nombre en sánscrito	Nombre en español	Ubicación en la espina dorsal	Órgano
Muladhara	Raíz o sacro	Cuarta vértebra sacra	Gónadas
Svadhishthana	Bazo	Primera lumbar	Bazo. Páncreas. Hígado.
Manipura	Plexo solar	Octava torácica	Suprarrenales
Anahata	Corazón	Primera torácica	Timo
Vishuddha	Garganta	Tercera cervical	Tiroides
Ajna	Frente	Primera cervical	Glándula pituitaria
Sahasrara	Coronilla	Ninguna	Cuerpo pineal

Meditamos sobre los chakras en una secuencia particular. Empezando por aquellos centros de energía que están más bajos en el cuerpo, vamos hacia los más altos. Esta ascensión física es símbolo de una ascensión espiritual. Los chakras inferiores precisan menos regulación consciente para facilitar su actividad. Los chakras superiores (pituitaria y pineal) pueden funcionar, indudablemente, sin nuestro conocimiento consciente, pero se desarrollan con mucha más rapidez cuando apoyamos conscientemente la transformación de energía que se produce.

Empezamos con el chakra de la raíz como medio para aguzar nuestra capacidad de hacernos conscientes de las transformaciones de la energía que tienen lugar en nuestro organismo. A medida que se desarrolle nuestra habilidad, podremos dirigir nuestra atención a los centros de energía más altos y más sutiles. Además, habrá menos probabilidades de mal funcionamiento en estos chakras inferiores, ya que están acostumbrados a funcionar inconsciente e instintivamente. La probabilidad de descubrir desequilibrios se acrecienta a medida que, con la meditación, exploramos los chakras superiores, que requieren una mayor implicación consciente para ser regulados.

El *chakra de la raíz* (también conocido como chakra del

sacro, de la base de las gónadas o Kundalini) es de color rojo anaranjado. Es la fuente de la manifestación física de la energía promotora de la vida. Todo lo que en la naturaleza es rojo o rojo anaranjado es promotor de vida. Nos pone en acción; engendra. Puesto que el chakra de la raíz controla todo el sistema de las gónadas, efectivamente, activa nuestra capacidad de engendrar vida.

El siguiente chakra, que regula las glándulas endocrinas, es llamado el *chakra del bazo*. Controla también el páncreas y el hígado, aunque no estén clasificados como glándulas de secreción interna (endocrinas). El chakra del bazo es rosa, y el rosa es una combinación del rojo, el color promotor de vida, y el blanco, el color que todo lo intensifica. Así que podemos decir que el rosa se compone del 50 % del rojo promotor de vida y del 50 % del blanco, el color de la vida ya promovida, que se expresa ahora como resplandor. A lo largo de cada nervio, por todo el sistema nervioso, hay una especie de brillo rosado porque la energía vital está sufriendo una transmutación a partir del naranja encarnado fundamental. A medida que se libera y se vuelve más brillante, influye en la parte del cuerpo que regula el abastecimiento de oxígeno, el de células sanguíneas y el de energía vital al resto del cuerpo.

Llamamos al bazo la *batería de reserva*, porque complementa al chakra de la raíz. Si el chakra de la raíz se ha vaciado o está estancándose, el bazo entra inmediatamente en acción liberando energía que todavía está en transición. Cuando esto sucede, recibimos nuestra *segunda respiración* o *segundo empuje*. Esto da al chakra de la raíz una oportunidad para autorregularse y luego empezar de nuevo a liberar energía. Así pues, el bazo puede ser tanto el que activa como el que transmuta la energía.

El tercer chakra está relacionado con el *plexo solar* y regula el sistema suprarrenal: las glándulas suprarrenales, la corteza del cerebro y la médula. Su color es el verde, el opuesto al rojo. El verde es una combinación de 50 % de azul y 50 % de amarillo. El azul, un color refrescante, tiene un poder enérgico pero calmante. El amarillo es otra clase de energía activante; se trata de un color relacionado con el amarillo del sol, pero que permanece bajo control, al ser mezclado con el azul. La energía controlada que resulta, el verde, es protector de la vida. Todo lo que en este mundo es verde está, efectivamente, protegiendo la vida que el rojo activó.

El chakra del plexo solar proporciona exactamente la cantidad correcta de energía a la glándula suprarrenal para obtener la proporción correcta de adrenalina en nuestro cuerpo. También controla cualquier excedente del chakra de la raíz porque su función es la de impedir que la energía se malgaste. Cuando el chakra del plexo solar es sobreestimulado, nos volvemos demasiado emotivos y comienza un ciclo difícil. El chakra de la raíz es sobreactivado y genera más energía de la que el plexo solar puede controlar; este estrés ocasiona un bloqueo que se manifiesta por dolores de estómago y úlceras. En tal caso, dos centros de energía se oponen entre sí, la raíz generando más energía y el plexo solar reteniéndola. Naturalmente, todo este conflicto ocasiona la enfermedad.

El cuarto centro de energía es el *chakra del corazón*. Es del color del oro, la sustancia que los hombres han buscado durante siglos. Incluso el alquimista buscaba oro mezclando sus compuestos. Podríamos decir que el oro que buscaban los alquimistas era la conciencia expandida, la integración del arriba y el abajo.

El chakra del corazón es simbolizado por el caldero, la olla de la bruja y el Santo Grial. Todo lo escrito acerca del Santo Grial se centra en este chakra, el lugar donde la energía es transmutada. La energía central de los chakras inferiores, retenida por el plexo solar, salta dentro del caldero, donde es transmutada en el oro puro de la energía purificada.

El chakra del corazón controla el timo y el sistema linfático, que regulan nuestras defensas inmunológicas. En un modo físico y metafísico, el corazón es el que limpia, integra y purifica. A no ser que las energías inferiores sean quemadas con la llama del corazón, no podrán alcanzar los centros de energía del cuerpo, superiores y más conscientes. Es aquí donde el arriba y el abajo se encuentran y buscan la unión.

El primer chakra después de este punto de integración es el *chakra de la garganta*. Su color es el azul, que simboliza la fuerza de voluntad y la volición. Aquí el reto de regular la energía eficazmente está relacionado con el problema de la voluntad humana en contra de la voluntad de Dios. Martin Buber lo llamaba el problema de «yo y Tú». Si solamente se expresa el aspecto del Tú, sin la implicación del yo, perdemos nuestra individualidad; nos martirizamos a nosotros mismos en la causa de los demás y no logramos alcanzar nuestros propios objetivos. Esto es falso porque mientras estemos en esta tierra, seremos *de* esta tierra y debemos expresar nuestro ego e identidad particulares. Al mismo tiempo, no queremos convertirnos en simples egoístas.

Cualquier cosa que transmutemos en el chakra del corazón, necesita ser expresada. La expresión creativa es competencia del chakra de la garganta, que controla también la glándula tiroides. Aquellos que no expresan su creatividad, sufren a menudo de un mal funcionamiento tiroideo. Si se vuelven superexpresivos, sin disciplina ni autorregulación, sufrirán de hipertiroidismo. Cuando no pueden expresarse, se vuelven infraactivos. Esto bloquea la tiroides, y empiezan a mostrar síntomas de hipotiroidismo, tales como el bocio. Como la tiroides regula el metabolismo, podemos decir que es tanto la salida del veneno como la de las joyas que están en nuestro interior. Para que sea plenamente útil, tiene que usarse para ambas cosas.

El sexto centro es el *chakra de la frente*. Está conectado con el funcionamiento de la glándula pituitaria, que controla el desarrollo y la regulación de los fluidos en el cuerpo. También regula el sistema nervioso por medio de la actividad del hipotálamo.

La pituitaria es el prisma que descompone la luz (energía), la refracta y la distribuye por el cuerpo, por medio de los diferentes chakras. El chakra de la frente es también el

114

sintetizador que toma los diferentes componentes de la energía y los integra de nuevo.

El color asociado con este chakra es el índigo, que no es un color determinado sino una mezcla de colores en transición. La pituitaria está siempre ocupada: sintetizando, descomponiendo y sintetizando de nuevo. El aspecto químico del cuerpo está tratando siempre de mantenerse en el equilibrio precario entre el hipo- y el hiper-, entre la producción de ácidos y la de álcalis. La pituitaria actúa como facilitadora de este proceso.

La conciencia de este equilibrio precario, una vez alcanzada, proporciona una gran penetración psicológica. Una vez alcanzado el equilibrio, ya no necesitamos gastar energía en un esfuerzo por crearlo. Podemos prestar atención a otra cosa.

¿Cuál es esta otra cosa? Es la experiencia continua (más que fragmentaria) de penetración psicológica que en las tradiciones religiosas es llamada *iluminación*. Se alcanza por la «apertura del tercer ojo», la plena activación del *chakra de la coronilla*. Este séptimo chakra es el único que no tiene contacto con la espina dorsal, y está conectado con el misterioso cuerpo pineal, que se atrofia en la mayoría de la gente, alrededor de los trece años, al no usarse. En realidad, no puede usarse hasta que todos los demás centros de energía estén equilibrados y funcionando plenamente.

El chakra de la coronilla se simboliza por el color púrpura, que es una combinación de rojo (el color del chakra de la base) y azul (el color del chakra de la garganta, el color de la expresión). Cuando el chakra de la base es expresado y luego purificado por la totalidad del cuerpo entero, el resultado es dos colores o blanco. El blanco añadido al rojo y al azul da un púrpura pálido, el color de la integración total. En el chakra de la coronilla ya no se trata de sintetizar, metabolizar, proteger o estimular la vida. La iluminación total da por resultado el blanco puro; el fuego se ha hecho luz.

Simbolismo del mandala

Para meditar sobre los chakras, tenemos que tener en primer lugar un foco determinado para que sirva como tema para el proceso de la meditación creativa. En los ejercicios de chakra del capítulo 7 se describirá un símbolo para cada centro de energía y luego se desarrollará en el transcurso de una visualización dirigida, que te implicará de forma dinámica en la actividad de cada chakra. Después de que hayas operado con la energía de cada chakra por separado, los temas-símbolo pueden combinarse para formar un mandala que sea el foco de una meditación integrada sobre los chakras.

Antes de practicar estos ejercicios, debes entender cuál es tu propósito y por qué este tipo de meditación puede responder a él. Para ayudarte a formar tus pensamientos y adaptarte correctamente a tu práctica, te describiré brevemente algunos de los puntos que a mí me ayudaron.

En primer lugar, ¿por qué es eficaz usar el lenguaje del simbolismo en la meditación?

Un símbolo puede ser una imagen visual o puede expresarse oralmente como un mantra. Como todos los símbolos, un mantra está destinado a producir una respuesta en ti. Un mantra es especialmente adecuado para ti si puede abrirte a un área más profunda de conciencia. El mismo resultado general puede alcanzarse por medio de todos los cantos e himnos religiosos; pueden despertarte, sacar a la luz algún sentimiento y darte una nueva energía. No carece de significado el que los cantos del muecín en una mezquita islámica, o los mantras budistas, o los himnos de los cristianos sigan afectándonos. A pesar de que pueden no resultar familiares para muchos de nosotros, su influencia es todavía poderosa. Proceden de la sabiduría de tradiciones muy antiguas y todavía podemos aprovecharlos como recursos en nuestros días.

¿Qué valor auténtico tiene un símbolo o un mantra para nosotros?

El camino del autodescubrimiento que hemos empren-

116

dido es una expedición adentro de la mente inconsciente. Como en cualquier expedición, debemos dejar atrás muchas cosas embarazosas. Necesitamos aprender nuevas lenguas y reprimir nuestras respuestas irónicas inmediatas a visiones y experiencias nuevas. El reino del subconsciente será ahora nuestro hogar y esto significa que las costumbres y exigencias del pensamiento discursivo en la mente consciente deben abandonarse temporalmente. La mente consciente no es muy apta para hacer nuevos descubrimientos. Funciona mejor como sintetizador de datos, y sus herramientas son paradigmas preconcebidos. Para asegurarnos de que la mente consciente obtiene para nosotros los mejores resultados, tenemos que alimentarla con datos más puros, datos que aprendemos a reunir al desarrollar modos de percepción más amplios. Tenemos que alimentar a la mente con imágenes de verdad, en otras palabras, con símbolos.

¿Contiene un símbolo la verdad o es arbitrario?

El símbolo nunca es la verdad misma, pero contiene la verdad. El símbolo capta a la mente y transmite un mensaje a la conciencia. Observa que no he dicho «una parte de la mente». El símbolo abarca la mente *entera*. Actúa como un medio para comunicar una parte de ti con otra. Cada parte habla una lengua diferente, pero el símbolo les permite comunicarse entre sí. El significado del mensaje está encerrado en una forma simbólica y el símbolo será más eficaz si se armoniza con aquellas partes de la mente consciente e inconsciente que necesitan ser conscientes unas de otras. En el reino de la energía cósmica sólo hay una lengua y los símbolos están casi tan cerca de ese lenguaje universal como se puede llegar.

¿Por qué es necesario combinar los símbolos en un mandala?

El uso de símbolos compuestos para producir determinados efectos psicofisiológicos es antiguo y está muy extendido. Las pinturas de arena de los indios americanos se han usado en ceremonias de curación durante milenios. Se reconoce que las pinturas rupestres del Paleolítico en Europa desempeñaron una función importante en el control ritualista del mundo por parte de los hombres de las cavernas. Incluso hoy, en la cultura tradicional del Tibet, los mandalas son componentes fundamentales en la práctica de la medicina. Un niño de pocos meses será llevado por sus padres a un lama que mirará las energías y potencialidades del niño por varios medios chamánicos y averiguará lo que el niño tiene en exceso y lo que le falta. Luego, creará un mandala apropiado. Por ejemplo, quizá vea una enorme cantidad de azul de cobalto en este niño. Se dará cuenta de que el niño será difícil de dominar por su testarudez y de que ésta no será suficientemente reprimida por la inteligencia. Por consiguiente, el lama incorporará entonces un color en el mandala que contrarreste este azul testarudo. O quizás haya una falta de creatividad. El lama aplicará entonces otro color o símbolo apropiado, que estimule la creatividad. Se mostrará el mandala acabado al niño y se colgará sobre su cuna, de modo que sea la primera cosa que vea cuando se despierte y la última por la noche. Más adelante, el mismo mandala será el tema de las primeras meditaciones del niño.

Las meditaciones sobre los chakras se basan, pues, en tradiciones venerables. Los que hoy meditan, no son los primeros en meditar sobre símbolos concretos para curarse o para alcanzar una mayor comprensión del universo y de su papel en él. A menudo, sugiero a mis alumnos que sigan este ejemplo tibetano, y hagan sus propios mandalas, colocándolos en sus casas, donde puedan verlos cómoda y frecuentemente. Si creas tu propio mandala después de haber experimentado las meditaciones sobre los chakras, úsalo como objeto para la contemplación, pero recuerda que te influirá cada vez que le eches una mirada. Debido a que tu mandala puede tener esta poderosa influencia sobre ti, es importante que lo construyas con cuidado a partir de las penetraciones psicológicas que obtuviste en la meditación.

¿Cómo podemos usar las inspecciones de chakras para recibir y regular el estado interno de nuestra mente y nuestro cuerpo?

Cada visualización empieza con un ejercicio de visualización. Insuflamos el símbolo-tema y lo llenamos de vitalidad y del color asociado con el chakra. Luego, disolvemos el color en la blancura. El que un chakra determinado se oponga a la blancura (que es la representación de la energía pura de nuestro ser total) denota un bloqueo. Hasta que no hayas analizado este chakra más a fondo, no debes pasar al siguiente. Es posible descubrir la naturaleza de la resistencia y luego extirparla. Sólo tus propias experiencias de meditación pueden ser tu maestro en estas tareas. Deberías poder experimentar una realimentación directa de cada chakra al concentrarte en él. Esta realimentación sería tanto fisiológica como psicológica y te enseñaría a descubrir cualquier desequilibrio en el chakra.

Experimentarás un aumento de energía en la medida en que cada chakra funcione bien. Como ya he explicado, la energía propia de cada chakra se expresa a lo ancho del espectro de un color concreto, que se vuelve más pálido (más blanco) a medida que aumenta el nivel de energía. Naturalmente no podrás explicar al principio qué significa la realimentación, ni siquiera de dónde viene, pero si continúas con este método, observarás una mejoría general en la condición de tu cuerpo. Al purificarse la energía, se ensancha el nivel de nuestra conciencia, y ya estamos en condiciones de ocuparnos de las vibraciones superiores de los centros de energía más elevados. Por esta razón meditamos sobre los chakras por orden.

Los ejercicios sobre chakras del capítulo 7 están concebidos como ayuda para aprender a autorregularte. Sacamos un provecho de la adquisición de estas técnicas reguladoras porque podemos crear más armonía entre todos los aspectos de nuestra mente y de nuestro cuerpo. Autorregulación no es autocontrol. No queremos que nuestro cuerpo controle nuestra mente, ni que nuestra mente controle nuestro cuerpo. Más bien queremos que cada aspecto de nosotros mismos se exprese libremente. Entonces, todas nuestras energías estarán listas para que dispongamos voluntariamente de ellas.

7. Activar los chakras

Cuando empieces a practicar las meditaciones sobre los chakras, recuerda tu razón para meditar. Si has seguido con atención las instrucciones para la meditación creativa, estarás en condiciones de ponerlas en práctica en las fuertes visualizaciones que siguen.

Puedes abordar estas visualizaciones de varias maneras distintas. Hasta que no estés plenamente familiarizado con la secuencia de sucesos en cada ejercicio, podría ser provechoso que alguien te leyera los ejercicios en voz alta. Algunas personas descubren que tienen intensas experiencias cuando los ejercicios se leen en voz alta. Sin embargo, este método tiene un inconveniente. Puede que encuentres que determinados aspectos de la visualización exigen menos tiempo que otros; si es otro quien dirige el ejercicio, no eres completamente libre para investigar las direcciones que tus experiencias internas estén tomando. Otro modo de abordar esto, es leer las instrucciones antes de meditar y familiarizarte completamente con la sucesión de imágenes. Luego, cuando medites, el ejercicio casi parece dirigirse solo.

Una manera de mejorar tu recuerdo de las imágenes es hacer modelos de ellas; dibujar, pintar o esculpir las formas que se usan en los ejercicios. El mandala compuesto de estas imágenes que se muestra en la contraportada de este libro, presenta los colores correctos que se asocian con cada chakra. Utiliza esta figura como guía y crea tus propias imágenes de estos símbolos.

Chakra de la raíz (gónadas)

El símbolo

Raíz

Para esta meditación, el símbolo es un cuadrado que prolongamos en tres dimensiones. Así pues, imagina que el cuadrado se convierte en un conducto, como un pozo de ventilación, infinitamente largo. Imagina que este pozo comienza enfrente mismo de tu cara. Es del mismo tamaño que tu cara. Imagina que estás en una habitación sin oxígeno, de modo que tienes que poner la cara cerca de este conducto de ventilación para respirar.

Esta imagen del cuadrado tridimensional puede no ser estable en la pantalla de tu mente. Tan pronto como lo imagines, puede cambiarse en otra cosa. No trates de hacerlo volver a la forma cuadrada.

En los años que vengo dando estos ejercicios, he descubierto que el cuadrado es una imagen persistente de este chakra. Pero en algunas personas, la imaginación puede transformar el cuadrado en otra forma, más apropiada para otros niveles de energía y para otros chakras. Como descubrimos al realizar los ensueños dirigidos, no tiene sentido controlar estas imágenes; de hecho, son sus modificaciones espontáneas las que crean la realimentación que necesitamos para aprender sobre nosotros mismos. Así que, si pierdes la imagen del cuadrado, no te preocupes. Déjala que sea lo que quiera.

El oxígeno que salga de este conducto cuadrado tendrá que ser de un color determinado: rojo anaranjado. Cómo aparece este color en el conducto, no es importante; puedes imaginarlo como una sustancia líquida, una sustancia gaseosa turbia o sólo como una luz de color. Ya que aspirarás mentalmente esta sustancia, ésta tendrá probablemente forma gaseosa; pero te repito que no impidas sus transformaciones.

Respirar

Cuando hayas creado esta imagen y su coloración, toma aliento tres veces profundamente (tres aspiraciones y tres espiraciones). Ten la boca abierta y respira por ella. La nariz también respirará, pero no te concentres en lo que haga. Empleamos la boca porque de este modo obtenemos más realimentación fisiológica; incluso podemos experimentar una sensación como de chupar o de beber. Respira por la boca en estas siete meditaciones. (No es normal en otras meditaciones, pero el propósito de estas meditaciones específicas es conectar tu conciencia con tus pautas de energía internas a través de la imaginación. Si vamos a aprender a confiar en nuestras imaginaciones, necesitamos una gran cantidad de realimentación fisiológica para mostrarnos que están funcionando.)

Idealmente, estarás respirando paradójicamente al realizar todos estos ejercicios. Si todavía no te sientes cómodo con estas pautas de respiración, respira entonces normalmente. Lo más importante es que concentres toda tu atención en tu realimentación interna y que confíes en la respiración que se ha vuelto instintiva e inconsciente.

La meditación

1. Siéntate en una posición cómoda, con la espina dorsal recta y la cabeza erguida. Cierra los ojos y crea la imagen del cuadrado, un conducto infinitamente largo, a pocos

centímetros de tu cara. Luego, llena este conducto con la sustancia rojo anaranjada.

2. Respirando por la boca, aspira profunda y abdominalmente. Sorbe toda la sustancia rojo anaranjada del cuadrado y bájala hasta la base de la columna. Déjala que se pose y mantenla allí. Para aumentar tu control imaginativo sobre este aire, imagina que la entrada al chakra de la raíz, la base de la columna, tiene una puerta que se abre cuando aspiras y que se cierra al detenerte, aprisionando el aire en el fondo de tu cuerpo. De este modo no se escapará hasta que no estés dispuesto a espirar.

3. Espira profundamente en el conducto cuadrado que está ante tu cara. Espera un momento, antes de espirar de nuevo. Durante este rato, observa qué ha sido del oxígeno espirado mientras va flotando dentro del conducto. ¿Ha cambiado algo su color, su forma o su cantidad?

4. Segunda espiración: repite el primer ciclo, aspirando la sustancia coloreada del cuadrado (por mucha que haya), dejando que baje hasta la base de la columna y reteniéndola. Luego, vuelve a mirar dentro del cuadrado y expele la sustancia de tu cuerpo, adentro del cuadrado. Observa cualquier cambio psicológico y fisiológico. Éste se descubrirá por cualquier cambio en la forma del conducto, en la naturaleza de la sustancia o en el color de la respiración.

5. Tercera aspiración. Repite lo mismo que antes. Esta vez, sin embargo, cuando espires, expele la sustancia alrededor de los lados del conducto cuadrado. Mantente atento al cuadrado mientras tu respiración vuelve suavemente a su pauta normal. Observa con cuidado cualquier cambio que tenga lugar en la imagen.

6. Presta atención, mentalmente, al resto de tu cuerpo, por dentro y por fuera. Cualquier zona de tu organismo que esté emitiendo una cantidad desacostumbrada de sensaciones se te hará presente. Fíjate en cuáles son estas zonas y sentimientos. Al final de este ejercicio, te sentirás más enérgico y advertirás una subida de tu temperatura. Sentirás probablemente este calor en el bajo abdomen o en las nalgas.

Si la sustancia respirada pasa del rojo anaranjado a cualquier otro color, puedes identificar el origen de este nuevo color por los otros ejercicios sobre chakra. El chakra simbolizado por el nuevo color ha sido influido por tu excitación del chakra de la raíz. Que el azul, el color que emana del chakra de la garganta, entre en tu imagen, puede indicar que no se le permite al chakra de la garganta expresarse adecuadamente. Por consiguiente, su energía se cuela hacia otras zonas de tu organismo.

Que un tono denso y oscuro (como un púrpura o un marrón) intervenga en el rojo anaranjado y no haya blanco en la espiración final, indicará que hay un bloqueo de energía en otro chakra. Que el rojo anaranjado no se vuelva pálido o incluso blanco, querrá decir que el chakra de la raíz está bloqueado. Está absorbiendo energía de modo adecuado, pero no la irradia. Recuerda que aunque los tonos fuertes puedan ser bonitos, en este campo indican energía densa o inactividad. La salud viene indicada siempre por la luminosidad, la energía rápida y la irradiación intensa, todo ello fundiéndose en el blanco.

Para la tercera espiración, todo color puede haber desaparecido. En su lugar pude que veas el blanco o el negro o una sustancia gris. Cuando la última espiración colorea el cuadrado de blanco por dentro y por fuera, o de blanco por fuera y de negro o gris por dentro, habrás alcanzado un estado equilibrado en el chakra. Sin embargo, si la última espiración aparece de color blanco dentro del cuadrado y de color negro fuera de él, no estarás emitiendo energía alguna hacia tu entorno, sólo estarás absorbiéndola. Esta imagen indica que retienes la energía.

Estos ejercicios están concebidos para ser ejecutados por orden, y no hay razón alguna para detenerse en ningún chakra en particular. Así que, cuando te pongas a hacer este ejercicio, tómate el tiempo necesario para completar el ciclo. Si no alcanzas la blancura al final de cualquier ejercicio simple de chakra, entonces es que el chakra está desequilibrado: no debes continuar con el resto de los ejercicios hasta que no espires el blanco al final de cada uno. Si continúas, la realimentación en los demás chakras será imprecisa por el mal funcionamiento del chakra desequilibrado. Por eso, a veces, el ciclo puede ser más largo de lo que suponías.

Chakra del bazo

El símbolo

Bazo

El símbolo siguiente es el triángulo. Para el ejercicio, imagina una pirámide transparente o translúcida de cuatro caras y una base. Esta pirámide deberá ser suficientemente grande para que te sientes dentro (en cualquier posición que elijas). Puede que prefieras crear una segunda imagen de ti mismo y observar esta figura sentada dentro de la pirámide. Sin embargo, muchos tienen una experiencia más intensa si se imaginan a sí mismos dentro.

Cuando la imagen está completa y estés sentado dentro, llena la pirámide con una sustancia de color rosa, bien todo de una vez o bien gradualmente. Puedes imaginar este proceso como si se tratase de agua que surgiera de la base y que te fuera cubriendo lentamente.

Respirar

Empieza a respirar como en el primer ejercicio, ingiriendo por la boca toda la sustancia rosa y dejándola que llene tus entrañas hasta la base de tu columna. Luego, deja que la sustancia rosa se eleve un poco hasta los huesos de las caderas y la cintura. Durante el ejercicio del chakra de la raíz, imaginábamos que había una puerta que retenía toda la sustancia rojo anaranjada. Justo encima de esta puerta-trampa para las gónadas, hay otra puerta para el bazo. El tubo flexible que hace entrar la sustancia rosa se extiende hasta la base de la columna. Después de que la sustancia haya fluido del todo hasta el final del tubo, fluye de nuevo hasta el nivel de la puerta del bazo, que se abre para recibir todo el rosa y luego se cierra herméticamente para retenerlo en él, durante un ratito.

En todos los ejercicios, conforme al primero, aspiras o haces bajar la sustancia de color hasta la base de la columna y luego la dejas elevarse hasta el nivel del chakra apropiado (a las caderas para el bazo, al plexo solar para el corazón, etc.). Bastante a menudo, para cuando hayas acumulado toda la energía en la columna, habrás acabado de aspirar y no podrás aspirar más mientras estés elevando la sustancia al nivel superior. Si esto ocurre, contén la respiración mientras la sustancia se eleva de la base de la columna al nivel del chakra. (En el primer ejercicio esto no era un factor porque la misma base de la columna era el nivel del chakra.)

Cuando espires las dos primeras veces, expele el rosa por todo tu alrededor, pero no lo eches hacia lo alto de la pirámide. Concéntrate únicamente en llenar del todo la pirámide empezando por sus cuatro ángulos. En la tercera espiración, expele el rosa hacia arriba, hasta arriba de la pirámide y fuera de ella.

La meditación

1. Antes de empezar esta meditación o cualquier ejercicio que implique a la imaginación, inspecciona rápidamente tu cuerpo para detectar cualquier punto de tensión o de presión, picores o demás molestias físicas. Si alguna parte no está relajada, intenta relajarla. Es muy importante. Para llegar a ser autorregulador, tienes que aprender a detectar lo que el cuerpo te está diciendo.

2. Siéntate correctamente, con los ojos cerrados, e ima-

gínate a ti mismo sentado dentro de una pirámide transparente. Luego, llénala con una sustancia rosa.

3. Aspira profunda y abdominalmente por la boca toda la sustancia rosa y déjala que baje hasta la base de la columna y que luego suba hasta las caderas. Antes de espirar, haz un chequeo mental de tu cuerpo y de tus alrededores imaginados para detectar cualquier cambio en los sentimientos o en las percepciones. ¿Ha cambiado en algo tu cuerpo al sentarse dentro de la pirámide? Si hay algún cambio, tenlo presente para poder volverlo a observar durante las dos respiraciones siguientes.

4. Ahora, espira y expele el rosa por todo tu alrededor, en cada ángulo de la pirámide, pero *no* lo expelas hacia arriba.

5. Aspira y espira por segunda vez, como antes.

6. Luego, aspira profundamente por tercera vez, y mientras el rosa baja hacia la base de la columna, observa lo que ocurre en la pirámide, fuera de tu cuerpo, etc... Luego, espira, esta vez hacia lo alto y hacia fuera de la pirámide. Mientras tu respiración se normaliza, observa tranquilamente lo que ocurre dentro de la pirámide y lo que te ocurre a ti.

Realimentación

Durante la aspiración en este ejercicio, es probable que sientas una constricción de tu cuerpo, como si se te estuviera metiendo en un guante estrecho. Cuando esto ocurra, habrá una densidad y oscuridad notables alrededor de tu cuerpo y una luminosidad correspondiente en el interior de la pirámide, que emanará de los ángulos. Esto indicará que atraes hacia ti toda la energía rosa, con lo que estás creando una nebulosidad a tu alrededor y estás haciendo nebulosa a la pirámide, sea blanca o dorada.

Cuando espires, te volverás sutil y ligero de nuevo, habiendo descargado toda esta energía otra vez en la pirámide. Esta experiencia es un poco como estar bajo el agua, manteniéndote firme allí, y luego soltarte, emergiendo a la superficie, mantenido a flote por el agua. Otra experiencia corriente es la de una tensa sensación hormigueante por todo el cuerpo.

Los que tienen la capacidad de observar el cuerpo humano y ver a través de su caparazón, de modo que éste sea tan transparente como la imagen de la pirámide, manifiestan ver una luminosidad rosada por todo el cuerpo.

Después de la última espiración, deberías, finalmente, ver solamente blanco, pero la forma de la pirámide será menos nítida de lo que lo era el cuadrado. En una experiencia límite, la pirámide apenas será visible después de la tercera espiración. Habrá blanco por todas partes, por dentro y por fuera.

La razón para usar la forma de la pirámide es que es aproximadamente la forma de una persona sentada en la posición del loto. Así, cuando echas fuera la sustancia rosada por la parte superior de la pirámide, la estás echando por la parte superior de tu cabeza. El significado de esto se te hará más claro cuando experimentes los ejercicios de los chakras situados más arriba.

Chakra del plexo solar

El símbolo

Plexo solar

La imagen del plexo solar es el círculo. Para este ejercicio operaremos con un cilindro verde. Empieza imaginando que estás en un pequeño campo verde y circular. Rodeándote, en el perímetro del campo hay un rollo verde de una altura de unos pocos centímetros.

Respirar

Durante tus dos primeras aspiraciones, imagina que te estás inclinando y que estás levantando el rollo verde, elevándolo hasta formar una manga verde a tu alrededor.

128

Después de que la respiración haya ampliado el rollo de modo que rodee todo tu cuerpo, dobla el borde superior hacia dentro, de modo que forme una manga interior más cercana a tu cuerpo, al bajarlo hasta el nivel de la base de la columna vertebral. Luego, vuélvela a llevar al nivel del plexo solar y mantén esta posición un momento. Cuando espires deja que la manga interior se contraiga hasta plegarse y luego deja que el rollo se deslice hacia abajo hasta quedar de nuevo a tus pies.

En la tercera aspiración, da un giro rápido al rollo verde mientras lo elevas, de modo que dé vueltas muy deprisa en una dirección, bien en el sentido de las manecillas del reloj o bien en el sentido contrario. Subirá hasta lo alto de tu cabeza y se enroscará sobre sí mismo, parándose en las caderas y luego subiendo al plexo solar. Será como un enorme aro verde girando alrededor de tu región abdominal.

Cuando espires, impulsa el aro verde hacia arriba, pero en vez de impulsarlo por encima de tu cabeza y que luego vaya abajo, deja que se quede dando vueltas deprisa sobre ti.

Esto puede parecer una imagen difícil, pero hay una razón para su forma. Al principio, enseñaba a la gente a respirar en el cilindro verde como en los ejercicios anteriores. Pero esta pauta contribuía a disparar una reacción excesivamente emocional; la gente se excitaba mucho y perdía la concentración. Por consiguiente, modifiqué el ejercicio para que tuviera lugar completamente fuera del cuerpo, el cual sigue siendo un eje estable, con el cilindro subiendo y bajando a su alrededor. Incluso así, observo que algunos responden con lágrimas, lo cual está muy bien.

La meditación

1. Como siempre, relaja tu cuerpo e inspecciónalo mentalmente por completo, para ver si hay alguna tensión o punto de presión. Relájalo.

2. Siéntate en una posición cómoda, cierra los ojos y empieza a respirar paradójicamente. Respira profunda y paradójicamente unas pocas veces para asegurarte la total relajación.

3. Luego, imagínate de pie en un pequeño campo redondo y verde. Si esto te resulta difícil, imagina una segunda imagen de ti, de pie en el campo. Amontonado alrededor de tus pies hay un rollo verde. Aspira profundamente por la boca y mientras lo haces, inclínate (en tu imaginación), agarra el extremo del rollo y levántalo por encima de tu cabeza. Luego, dóblalo sobre sí mismo y deja que caiga pegado a ti, hasta el plexo solar. Conteniendo todavía la respiración, alza un poco el rollo, pasada la cintura, y finalmente álzalo hasta el plexo solar.

4. No te olvides de observar lo que ocurre a tu alrededor mientras contienes la respiración. ¿Ha cambiado en algo el color o la forma del rollo? ¿Notas alguna sensación en alguna parte de tu cuerpo o sobre él?

5. Espira, llevando el rollo hacia arriba, por encima de tu cabeza; luego déjalo caer a tus pies en un montón, tal como lo encontraste al principio. Observa y toma nota de cualquier cambio o sentimiento, especialmente de reacciones psicológicas.

6. Aspira y espira de nuevo, como antes.

7. La tercera vez, cuando aspires y te inclines para agarrar el rollo, colócalo dando vueltas rápidamente a tu alrededor. Mientras el rollo esté girando, álzalo con tus manos y tu respiración, por encima de la cabeza y luego bájalo, dentro de sí mismo, hacia tu columna y levántalo luego, hasta el plexo solar. Mantenlo allí y observa. Espira, expulsando el rollo verde hacia arriba y dejándolo que gire fuera del campo visual. Mientras tu respiración se normaliza, observa tranquilamente todo lo que puedas ver o sentir.

Realimentación

Entre los cambios posibles que tendrán lugar en este ejercicio, la intervención del amarillo o del dorado es el

130

más corriente. Esto indica la presencia de energía del chakra del corazón, que se activa con facilidad cuando nos concentramos en el plexo solar.

Debido a la complejidad de este ejercicio en particular, mucha gente tiene dificultad en espirar toda la energía verde. Si queda alguna, habrá presión o dolor en el pecho, en el cuello o en la frente. Si esto ocurre, haz un esfuerzo mayor, cada vez que hagas el ejercicio, por expeler toda la energía que hayas recogido y por fijarte en cualquier bloqueo que se produzca mientras la energía fluya hacia arriba.

Chakra del corazón

El símbolo

Corazón

El símbolo de este ejercicio de chakra es la cruz y el color es el amarillo dorado. En las tradiciones religiosas occidentales, la cruz tiene generalmente un brazo horizontal corto y un brazo vertical largo, que simbolizan una pauta de energía que principalmente sube y baja, con pocas expansiones laterales. Pero la cruz de este ejercicio tiene cuatro brazos iguales, subrayando la completa extensión de nuestras descargas de energía, tanto hacia arriba como hacia afuera. Poner la energía del corazón en un estado de equilibrio, simbolizado por la cruz, exige no sólo una conciencia de la energía que entra (el aspa vertical de la cruz), sino una expresión adecuada de esta conciencia hacia el mundo que te rodea (el aspa horizontal).

(Podría añadir que los símbolos de esta serie de ejercicios de chakra forman un mandala: el cuadrado en la base; sobre él, el triángulo; el círculo sobre el triángulo y luego la cruz sobre el círculo. Estos dos últimos forman un orbe, un símbolo de justicia, sabiduría y paz universal.)

Para el ejercicio del chakra del corazón, imagina la cruz

131

con sus cuatro brazos iguales. Tres de ellos, el brazo superior y los dos laterales están abiertos en sus extremos. Solamente el extremo del inferior está cerrado. La cruz debería ser tan grande como tú o más, y debería estar muy junta a ti. Puede que quieras imaginarla como una cruz hueca y transparente para que pueda llenarse. Sobresaliendo del centro, o justo debajo del madero horizontal hay un tubo o una pajita.

Luego, llena tu cruz con una sustancia (líquido, gas o luz) amarillo dorada.

Respirar

Para tus dos primeras respiraciones, sorbe fuerte del tubo y aspira toda la sustancia amarilla, comprimiéndola hacia la base de la columna. Luego, mientras contengas la respiración, deja que el amarillo suba hasta el nivel del corazón y que se establezca allí. Observa cualquier cambio y espira de nuevo dentro de la cruz. Para la tercera respiración, aspira como antes; pero cuando espires, expulsa tan fuertemente la sustancia amarilla que salga a chorros por los tres extremos abiertos. La sustancia amarilla debería salir con tanta fuerza que creara una llama, transformando la cruz en una flor de lis de energía.

Hasta ahora, en todos los ejercicios ha habido que hacer un trabajo suplementario en la respiración final: la sustancia rojo anaranjada tenía que echarse por fuera de los lados del cuadrado en vez de dentro de él; el rosa tenía que echarse por arriba de la pirámide en vez de llenarla de nuevo; el cilindro verde tenía que ser echado dando vueltas por el aire, en vez de ser puesto sobre el suelo. En este ejercicio el amarillo debe hacerse salir a chorro por los tres extremos abiertos de la cruz. Evidentemente, la espiración final será más rápida y más potente que las dos primeras en cada caso. No estás simplemente espirando; estás impeliendo tu respiración adentro del símbolo y más allá de él.

La meditación

1. Como de costumbre, prepárate sentándote cómodamente, cerrando los ojos y empezando la respiración paradójica. Cuando empieces estas respiraciones de costumbre, espira con un suspiro audible y haz que tu cuerpo abandone su rigidez y se relaje. Inspecciona tu cuerpo y relaja cualquier punto tenso. Espira completamente y detente un momento antes de empezar la aspiración.

2. Imagina una gran cruz, con cuatro prolongaciones iguales. Llénala con una sustancia que sea del color amarillo dorado de la miel.

3. Abre la boca y sorbiendo del tubo del centro de la cruz, aspira profundamente, asegurándote de que la sustancia amarilla baja hasta la base de tu columna.

4. Mientras contienes la respiración, deja que la sustancia se eleve hasta el nivel del pecho y se pose alrededor del corazón. Observa cualquier cambio que se produzca en el color o en la cantidad de la sustancia, o en la forma de la cruz; y cualquier reacción física o psicológica en ti.

5. Espira lentamente, empujando el amarillo por el tubo y de nuevo adentro de la cruz. Continúa observando el proceso, reparando en cualquier alteración o reacción.

6. Aspira de nuevo y repite el ciclo.

7. La tercera vez, aspira rápidamente, como antes. Detente un momento antes de espirar; luego echa el amarillo enérgicamente por el tubo, de modo que salga todo él en chorro fuera de la cruz, esparciéndose desde cada uno de los tres lados abiertos.

8. Deja que tu respiración se normalice, mientras continúas observándote a ti y a la situación.

Realimentación

El chakra del corazón es el fulcro de la transmutación de energía que tiene lugar en el cuerpo. Por eso, cuando empezamos a excitar este centro, muchos cambios fisiológicos pueden estimularse. Por ejemplo, puede que transpires un poco más durante este ejercicio, especialmente por las manos o el pecho. Para el cuerpo, éste es un modo de exudar toxinas. También puede que sientas un agudo bloqueo del flujo de energía en el cuello, mayor que durante los ejercicios precedentes. Como resultado, puede que tengas dolor o tensión allí para cuando hayas acabado. El siguiente chakra, el de la garganta, es el de la expresión, y no ha sido suficientemente estimulado; por eso, la energía liberada queda pegada allí.

Naturalmente, el color es lo más importante que hay que observar. ¿Interviene algún otro color además del amarillo? ¿Pasa el amarillo dorado a blanco, plata o gris? En la tercera espiración, la sustancia que esparces afuera puede tomar la forma de burbujas, una efervescencia de burbujas plateadas. Esto indica que la energía ha sido purificada y el resultado será una sensación de intenso bienestar y de paz. Las impurezas de tu sistema puede que se suelten entonces, y este montón de impurezas puede darte verdaderamente una buena sacudida interna cuando sea liberado. En ese caso se descompondrá y será soltado como un eructo. Puede que tengas también una sensación de mareo; pero esto ocurrirá en cualquiera de los ejercicios si el centro implicado ha sido despertado de un estado inactivo anterior.

Chakra de la garganta (tiroides)

El símbolo

Garganta

El símbolo del chakra de la garganta es una media luna y el color es el azul, el color de la volición. La garganta es el centro de la expresión. En esta etapa final de transformación, nuestra energía es preparada para la expresión. La tiroides es muy importante, porque no sólo dirige el metabolismo del cuerpo sino también el metabolismo de la conciencia. Lo que el organismo expresa por la tiroides es toda la energía que ha sido extraída por el corazón de los centros de energía inferiores (gónadas, bazo, plexo solar). Para mantener un equilibrio de energía en el organismo, lo que se ha absorbido del ambiente debe ser devuelto a él.

Una persona cuyo chakra de la tiroides no esté equilibrado con los demás chakras será muy destructiva no sólo para con la sociedad sino también para consigo misma, debido a su voluntad desenfrenada. La energía del organismo debe ser suavizada y dirigida por los dos centros de energía superiores, el chakra de la pituitaria y el chakra de la pineal. Sin embargo, la fuerza para expresar la energía procede de los chakras inferiores. El chakra del corazón es el punto de transición donde empieza el proceso de purificación.

En el mandala desarrollado a partir de nuestros símbolos de chakra, la media luna representa la copa de un cáliz conocido como el Santo Grial. Contiene la sabiduría necesaria para que evolucionemos de la inconsciencia a la plena conciencia. La base de la pirámide forma la base de la copa y la cruz es el pie del cáliz que sostiene el vaso.

En este ejercicio, la media luna adopta la forma tridimensional de una copa; será llenada con una sustancia azul oscuro (probablemente querrás imaginarla como un líquido).

Respirar

Durante cada aspiración, te imaginarás a ti mismo levantando un cáliz muy grande, inclinándolo hacia tu boca y tragándote lentamente todo el líquido azul. Estas aspiraciones tendrán que espaciarse prudentemente porque deberían ser más lentas que las de los ejercicios precedentes. Este líquido azul es muy precioso, como un vino excepcional y quieres gustar su sabor plenamente, sin correr. No debe derramarse ni una gota.

En tu imaginación deja que el líquido azul baje hasta la base de la columna. Déjalo elevarse, excitará a la tiroides. Haz una pausa después de la larga aspiración, contén el líquido dentro y luego espira, dejando que el líquido vuelva a subir por la garganta, pase por la tiroides y vaya de nuevo a la copa. Sigue la misma pauta para la segunda respiración.

En la tercera respiración, intentarás retener el líquido en vez de dejarlo volver a la copa. Te has vuelto un tragón, de modo que te tragarás el líquido y lo dejarás reposar dentro; luego, cuando vaya a salir otra vez, haz una vez como que te atragantas, haciendo que se detenga en la garganta, antes de dejarlo salir por la boca. Cuando dejes que se vaya el líquido, la copa también desaparecerá.

Para atragantarte, simplemente activa la glotis, momentáneamente, como si estuvieras tragando y ejerce sobre ella la presión de tu respiración tratando de escapar. Cuando hayas tragado o te hayas atragantado una vez, la liberación llevará consigo una ráfaga de aire, *ahhh*. En este momento el líquido imaginario saldrá hacia fuera. Ya que, de todos modos, estamos haciendo interno todo este proceso, no hay necesidad de ningún efecto de sonido ruidoso en esta tercera espiración. El único sonido que puedes oír es el que haces tú mismo en este ligero *ahhh*, cuando sueltas la constricción glótica y espiras.

La meditación

1. Siéntate cómodamente, cierra los ojos e imagina un gran cáliz en frente de ti. Es grande pero puedes levantarlo usando ambas manos. Luego llena el cáliz con un líquido de color azul de cobalto oscuro. Puede que el color empiece a cambiar en seguida. No hagas ningún esfuerzo por controlarlo, solamente observa y recuerda.

2. Aspira lenta y profundamente, bebiendo el fresco líquido azul que pasa por tu lengua y desciende muy abajo, en el interior, hasta que se asienta en la base de tu columna. Saborea cada trago y sostenlo dentro; haz una pausa para observar cualquier reacción de tu cuerpo. Luego espira, dejando que el líquido vuelva a subir y a derramarse dentro de la copa sin hacer ningún esfuerzo por empujarlo. Detente de nuevo y contempla la textura y el color tanto del residuo de la sustancia como de la copa; y, naturalmente, tus propias reacciones al proceso.

3. Aspira y espira por segunda vez, como antes.

4. En la tercera espiración, estás muy sediento y tomas el último poquito de líquido con una fuerte aspiración, tragándolo hasta la base de la columna. Detente; luego, cuando empieces a espirar y el líquido suba, obtura tu garganta en la glotis, como si estuvieras empezando a tragar, pero retén la sustancia. Luego, relaja la garganta y deja que el líquido salga por su propia fuerza. Relaja luego la respiración, pero continúa observando las imágenes de tu mente, así como también tus reacciones físicas y emocionales.

Realimentación

El líquido azul puede volverse de muchos colores, dependiendo del grado en que puedan haber sido estimulados los demás chakras o conectados con la actividad de la glándula tiroides. Como vimos con el plexo solar, el estímulo de un chakra determinado puede ejercer su efecto sobre el chakra directamente superior. El azul oscuro de la tiroides puede volverse un púrpura o un marrón muy oscuro, lo que generalmente indica una interacción de la glándula pituitaria. Como veremos más adelante el color asociado con este chakra es el índigo, un color de transición entre el negro púrpura y el púrpura marrón. Cuando este color influye en el azul cobalto, el resultado puede parecer negro u oscuro, pero deberías intentar descubrir con atención qué tonos de color se esconden en la negrura. Un estado sano del chakra de la garganta vendrá indicado por un azul claro en las espiraciones.

No te preocupes si se derrama más líquido en el cáliz del que había en un principio. Es una experiencia normal.

Chakra de la frente

El símbolo

Frente

El símbolo del sexto centro de energía, el chakra de la frente o chakra de la pituitaria, es una estrella de seis puntas, cuyo color es el índigo. Naturalmente, es la Estrella de David o la Estrella de la Creación. En el simbolismo cabalístico, el triángulo invertido representa un receptáculo vacío y el otro triángulo representa energía irradiando adentro del receptáculo y llenándolo.

La energía entra en el organismo por la parte superior y se mueve hacia abajo, desintegrándose a medida que entra en las siete fuerzas sutiles, que corresponden a los siete chakras. Una vez ha alcanzado el punto más bajo, somos responsables de sintetizar esta energía y de expresarla, siguiendo la misma ruta que recorrió la energía cuando entró y se difundió por nuestro interior: desde las gónadas, el bazo y el plexo solar, otra vez al corazón, a la garganta y luego a la glándula pituitaria que realiza la síntesis final antes de la expresión, a través del chakra de la pineal o de la coronilla. Por eso, la estrella de seis puntas es un símbolo apropiado para estimular el chakra de la frente, porque los dos triángulos representan la energía que entra y que sale.

Para este ejercicio, sin embargo, nos concentramos en la imagen de la estrella como un todo. Imagina esta estrella de seis puntas, como el plano del suelo de una habitación alta y sin techo, con doce paredes que corresponderían a los doce lados creados por las seis puntas. Si esto es más fácil, piensa en la estrella como si fuera un cortador de pasteles gigantesco, unos centímetros más alto que tú. Imaginarás que estás sentado en medio de esta alta habitación y cada uno de los seis ángulos se llenará con la sustancia de color índigo.

Respirar

Cuando empieces a respirar profundamente, con los ojos cerrados, empezarás a dar vueltas. Si lo necesitas, puedes representarte a ti mismo sentado en un disco giratorio. Gira lo suficientemente rápido como para dar una vuelta completa con cada aspiración y, mientras gires, succiona el índigo de los seis ángulos en una respiración. Deja que el índigo se asiente en la base de la columna. Luego, conteniendo la respiración, deja de girar y deja que el índigo suba hasta tu frente. Concéntrate en tus sentimientos interiores. Cuando espires, empieza a girar en dirección contraria y expele la sustancia hacia los seis ángulos cuando pases por delante de ellos. Si tu espiración es mucho más lenta que tu aspiración, puedes dar dos vueltas completas mientras espiras.

No importa en qué dirección empiezas a girar cuando aspiras. Sigue tu inclinación natural, que dependerá de qué hemisferio de tu cerebro sea el dominante. Una vez empezado el ejercicio, no intervengas si el color de la sustancia cambia del índigo a otro color o si empiezas a girar en otra dirección. Solamente observa todas estas alteraciones para que puedas reflexionar sobre ellas, más adelante.

En la tercera respiración continúa la pauta de aspirar más rápidamente y expeler la sustancia enérgicamente; pero expélela hacia arriba y por encima de la parte superior de las paredes, no dentro de la habitación estrellada. Esta habitación no tiene techo; por eso la sustancia puede salir flotando hacia arriba cuando finalmente la sueltas.

La meditación

1. Siéntate cómodamente y practica la respiración profunda, aspirando paradójicamente. Suelta el aire con un suspiro. Repítelo.

2. Cierra los ojos e imagínate sentado dentro de una estrella de seis puntas. Construye sus paredes hasta que sean más altas que tú, pero no pongas techo en lo alto de la

habitación. Llena la habitación con una sustancia de color índigo (líquido, luz o gas). Si tienes dificultades en imaginar el índigo, empieza por el rojo y luego añade azul para formar el púrpura; luego añade verde y cuando se mezclen, tendrás el índigo.

3. La superficie donde estás sentado se convierte en un plato giratorio. Empieza a dar vueltas y obtén la experiencia de girar. Da vueltas unas pocas veces, pero no demasiado de prisa. Empieza a respirar profundamente; luego deja de girar y empieza otra vez en la dirección contraria. Mientras gires, respira profundamente por la boca y aspira la sustancia índigo de cada uno de los seis ángulos. Intenta hacer esto en una vuelta.

4. Cuando dejes de girar, contén la sustancia dentro y déjala subir desde la base de la columna hasta la frente. Observa tus reacciones. Luego empieza a girar en dirección contraria y vuelve a expeler la sustancia dentro de los seis ángulos. Detente antes de aspirar de nuevo, observa qué le ha ocurrido a la sustancia y a la habitación, y comprueba cualquier respuesta física o psicológica que puedas estar experimentando.

5. Aspira y espira por segunda vez, igual que antes.

6. Luego acelera tu rotación y aspira, siguiendo la misma pauta que antes, pero esta vez más rápidamente. Cuando estás preparado para espirar, gira rápidamente en dirección contraria y expele la sustancia hacia arriba, por encima de las paredes de la habitación y fuera de ésta.

Realimentación

Este ejercicio es bien sencillo. El único problema que suele aparecer, al principio, es la dificultad en coordinar el respirar y el girar, lo que significa que debes terminar de espirar ya sea antes o bien después de completar una vuelta. La mera práctica te ayudará a regular la respiración de modo que alcances los seis puntos exactamente en una respiración.

La razón del movimiento giratorio de este ejercicio, es

la de que he descubierto a lo largo de los años cuán a menudo está trabada la pituitaria y cómo esto impide a su energía circular adecuadamente. Mucha gente no tiene ningún control regulador de la pituitaria. Los giros están concebidos para liberar completamente nuestros accesos internos a la pituitaria y, desde ella, hacer más eficaces sus funciones sintetizadoras. También es importante, al menos al empezar la rotación, que te hagas el eje del movimiento. El eje puede cambiar durante el ejercicio; la habitación puede moverse en vez de tú, o contigo. Pero debes ser el eje, al principio, de modo que la decisión de girar sea un acto consciente tuyo. Solamente tu propia actividad puede despertar las decisiones inconscientes que se encuentran en cada chakra.

Chakra de la coronilla (cuerpo pineal)

El símbolo

Coronilla

El símbolo de chakra de la coronilla es el loto; el color, el púrpura intenso de una orquídea. Para este ejercicio, tu cabeza se vuelve el cáliz, el bulbo de la base del loto; la flor púrpura flota por encima de tu cabeza. El cuello y el resto del cuerpo forman el tallo. La tierra sobre la que estás y que rodea el tallo del loto es el bulbo que se pudre. Cuando florece un loto, su bulbo se va pudriendo, hasta que el apogeo de la floración viene acompañado por la pérdida total del bulbo. Pero para entonces, un nuevo bulbo ya ha empezado a crecer.

Podemos ver el mismo ciclo de florecimiento y putrefacción en la propia tierra. A la caída de la tarde, el ocaso da al mundo su último florecimiento. Más esencialmente, el mundo no parece el mismo hoy que ayer. Cada mañana es, en cierto sentido, un renacer, el principio del mundo, y tú y cada tarde sois el fin, una experiencia de muerte.

También tenemos algo que ver con este ciclo. Si nosotros y el mundo que depende de nosotros puede desarrollarse holísticamente, haciéndonos conscientes de la evolución de la tierra por el autodesarrollo, entonces llegaremos día a día a estados cada vez más avanzados de existencia, más fácilmente y con menos problemas. Cuando esto ocurra, podremos dejar atrás viejas tendencias sin pesar, despejando así el camino para cada nuevo nivel de conciencia. Somos los que cambiamos la tierra. Nuestro crecimiento individual en conciencia significa que estamos transmutando, eficaz y completamente, toda la energía que cogemos y que la estamos expresando plenamente, sin retener nada.

Este proceso asegura una relación estrecha y transpersonal con el cosmos. Empezamos, aunque sólo sea un poquito cada vez, a vivir como seres superiores, tomando nuestro alimento bajo la forma de energía sutil y buena, y devolviéndola toda, completamente integrada, al cosmos.

La flor de loto simboliza esta relación transpersonal en la que absorbemos buenas energías cósmicas y las devolvemos al mundo. La flor de loto, como el lirio de agua, vive rodeada de agua. Este agua representa las corrientes de energía pura que también nos rodean a nosotros. Como el loto, deberíamos inclinarnos con la corriente, sin oponer resistencia.

En cada ejercicio individual de chakra operamos con el flujo de energía que va de fuera adentro, y luego, fuera de nuevo. Pero especialmente en este último chakra de la coronilla tenemos un símbolo exactamente definido de nuestro entorno de energía en el agua que rodea al loto. En términos de técnicas de elevación de conciencia, el agua es el campo de energía de la blancura que creamos a nuestro alrededor para la salud. Antes de empezar cualquiera de estos ejercicios, es, pues, oportuno irradiar un campo de energía de pura blancura.

Respirar

Como siempre, aspira por la boca. Pero como esta vez eres una flor, imagina que estás aspirando por la parte superior de tu cabeza. Las flores se relajan cuando sus pétalos se cierran, y están ocupadas transformando la energía cuando sus pétalos están completamente extendidos. Cuando aspires, los pétalos que están sobre tu cabeza se extenderán. Su sustancia de color orquídea desciende por el tallo (tu columna), y luego desciende bajo tierra.

La energía aspirada llega, por debajo de las gónadas, al chakra de la raíz; siéntela bajar por tus piernas. Deja que la sustancia llena de energía alimente todas las células del tallo, empapando todas tus entrañas. Mientras estás conteniendo la respiración, haz que la sustancia suba por el tallo, que eres tú, se pose momentáneamente en medio de tu frente y que luego se vaya por una pequeña zona de tu cráneo, arriba de él, que es parte del capullo de la flor, no del tallo. Al espirar, expeles suavemente la sustancia de color orquídea (o del color que se haya vuelto) en la atmósfera. En la tercera respiración, haz girar la sustancia mientras baja y sube. Esta rotación le da más velocidad y energía, y la espiración final puede ser más rápida.

Para las meditaciones sobre los chakras que están por encima del chakra del corazón, las dos primeras respiraciones han sido más suaves y más rítmicas que en los tres primeros ejercicios de chakra porque el chakra del corazón es el punto en el cual empezamos a tratar con energías más sutiles. A nivel del plexo solar y más abajo, la inactividad del sistema de energía requiere que intentemos disolver la consistencia respirando con lentitud.

La meditación

1. Después de colocarte en una posición relajada y de practicar la respiración abdominal, o paradójica profunda, disminuye tu atención en la respiración, cierra los ojos e imagina una flor de loto flotando en tu coronilla. Completa el

cuadro. Estás rodeado de agua y la flor está encima de esta agua. Tu cabeza es el capullo de la flor, el resto de tu cuerpo es el tallo, y abajo, tus pies están enraizados en el bulbo que se pudre. El color del loto y la atmósfera que está sobre él es de un púrpura intenso, el color de una orquídea.

2. Aspira suavemente, tomando una buena dosis de la sustancia de color orquídea de la atmósfera. Deja que baje hasta el bulbo al nivel del pie; siente que baja y alimenta al tallo. Mientras contienes la respiración, deja que la sustancia suba hasta la coronilla. Cuando espires, ella será impulsada hacia atrás, pasando al aire a través de la flor.

3. Observa lo que le ha ocurrido al color de la sustancia, qué han estado haciendo los pétalos mientras aspirabas y espirabas, y qué sentimientos has experimentado mientras la sustancia nutría tu cuerpo. ¿Sientes alguna viveza mental?

4. Aspira de nuevo, muy suavemente ahora, y observa cómo los pétalos se abren. Deja que la sustancia púrpura baje hasta tus pies y luego vaya flotando hasta tu coronilla y más allá. Los pétalos se cierran ahora, cuando dejas de espirar. Detente.

5. La tercera vez, aspira con un giro, de modo que la sustancia baje girando por el tallo, acumulando velocidad y energía. Hará remolinos alrededor de tus pies y luego subirá, enrollándose como las rayas de los postes de los barberos, y nutriendo todas tus células y la coronilla de tu cabeza. Luego espira con un suspiro, y deja que la sustancia se vaya volando por arriba.

Realimentación

Si el color del loto se vuelve cada vez más brillante, la blancura creciente o el gris plateado más bien bajarán por el tallo que se quedarán arriba, en los pétalos. En la última espiración, verás que todos los pétalos se esparcen, y entonces verás el corazón de la flor. Te verás a ti mismo en el corazón de la flor, como un niño pequeño.

Otros se ven renacidos flotando por encima de la flor de loto.

El color más corriente que puede interpretarse aquí es el dorado, el color del chakra del corazón. También es posible que tu loto se marchite y muera, pero como toda muerte, esto sería sólo el estado preliminar de un nuevo crecimiento.

Después de familiarizarte con cada uno de los ejercicios de chakra necesitarás practicarlos en un orden ininterrumpido para sacar el máximo provecho de ellos. Cuando hagas una serie de ejercicios de chakra combinados, te sentirás más vigorizado cuando termines. Tu visión también puede mejorar haciendo que las cosas parezcan más brillantes cuando abras los ojos. Y, naturalmente, a medida que tu energía fluya más libremente, deberás empezar a ver blancura al final de cada parte del ejercicio. La blancura no debe parecer una pantalla de cine. Puede ser un blanco neblinoso, nebuloso y vibrante, o un gris pálido. Todos ellos son también respuestas sanas.

Habrá muchos puntos vibrantes por tu cuerpo, especialmente en la base de la columna, que debería estar bastante caliente. De hecho, al final del tercer ejercicio de chakra, puede que sientas que los puntos vibrantes también dan vueltas con la sustancia verde.

Como he dicho, quizá sientas alguna tensión o atascamiento en la garganta, el pecho, o incluso en la frente. Esto puede que sea, hasta cierto punto, el resultado de un problema de regulación de velocidad. Permíteme explicarlo con una analogía. Estás conduciendo por una autopista a 80 km por hora y el motor funciona suavemente. Si, de pronto, aprietas el acelerador para aumentar rápidamente la velocidad, el carburador no puede transformar el combustible lo bastante rápido, de modo que todo el coche temblará con un resuello o sacudida de reverberación, hasta que todo pueda acomodarse a la nueva velocidad. Lo mismo puede ocurrirle a tu organismo, en cuyo caso no perjudica el tomarlo con más calma. Eso significa, sin embargo, que tendrás que respirar más lenta y profundamente. Y eso nos lleva de nuevo a los provechos de trabajar con tu respiración. Aprende a contener tu respiración durante un período razonablemente largo y a espirar lenta y pasivamente, imponiéndote al deseo de tu cuerpo de acelerar el ritmo respiratorio. No es solamente la relajación el resultado de respirar profundamente; puede también ayudarte a alcanzar nuevos niveles en el control y la prolongación de la respiración.

Meditación sobre el mandala

Preparación

Adopta la postura adecuada, y respira algunas veces paradójica y profundamente, aspirando a fondo y espirando lentamente. Cierra los ojos y vuelve a la respiración normal.

Símbolo

Imagina un amplio conducto cuadrado y abierto ante tu cara. Llénalo con una sustancia rojo anaranjada y deja que la sustancia haga un remolino por las paredes interiores del conducto durante un momento. Sé consciente de las enormes profundidades del conducto y advierte cómo se mueve la sustancia en su interior, yendo más lejos de lo que puedes apreciar.

Acción

Ahora trágate toda la sustancia rojo anaranjada por la boca. Aspira profundamente, tragándotela toda, y hazla pasar por la boca, hasta la base de la columna. Mantenla allí. Inspecciona tu cuerpo y tu alrededor, el cuadrado, la sustancia, sus colores y formas, y tus propios sentimientos. Espira lentamente, y expele todo el rojo anaranjado dentro del conducto cuadrado. Observa, luego, los colores. Para la segunda respiración, sigue la misma pauta que antes.

Resolución

La tercera vez, aspira como antes; pero cuando espires, en lugar de expeler la sustancia adentro, hazla salir con fuerza por fuera del cuadrado. Vuelve a la respiración normal y observa. ¿De qué color es la sustancia ahora? ¿Queda todavía dentro de la caja? ¿Qué cantidad de ella es blanda? ¿Cuáles son tus sentimientos? ¿Emite señales alguna parte de tu cuerpo?

Símbolo

Imagina una pirámide transparente tan grande como tú, entra en ella y siéntate. Luego, llena la pirámide con una sustancia o luz rosadas.

Acción

Utiliza la boca para succionar todo el rosa de cada uno de los ángulos de la pirámide, como si fueras una aspiradora. Deja que baje hasta la base de la columna; luego impúlsalo hasta el nivel del bazo, en la parte superior de las caderas. Mantenlo y observa. Espira lentamente, expeliendo el rosa dentro de los ángulos de la pirámide. Para la segunda respiración sigue la misma pauta que antes. Observa la pirámide constantemente, advirtiendo cualquier cambio.

Resolución

La tercera vez, aspira como antes; pero cuando espires, mira hacia arriba y expele la sustancia rosa directamente fuera de la pirámide por una abertura en la cúspide. Vuelve a la respiración normal y observa todo lo que ocurra.

Símbolo

Imagina que estás de pie en un círculo verde. Piensa en el verdor como si fuera muy espeso y estuviera amontonado por los bordes del círculo, como una manga verde con un rollo en su interior.

Acción

Aspira profundamente y, en tu imaginación, inclínate, coge los bordes del círculo y súbelo hasta que esté en línea con tu coronilla. Luego, acércalo más a ti, como si estuvieras doblando la manga dentro de sí misma. Siente el verdor deslizándose fuera de tu cuerpo. Detenlo a la altura de las caderas, contén la respiración y, durante este intervalo, alza las paredes del cilindro a la altura del medio tórax (plexo solar). Observa. Espira, expeliendo el verdor de la pared hacia arriba de tu coronilla y por encima de ella; déjalo caer de nuevo en la figura del círculo. Detente y observa. Para la segunda respiración, sigue la misma pauta que antes.

Resolución

La tercera vez, haz que el cilindro gire muy de prisa de modo que comience a elevarse casi automáticamente, guiándolo con tus manos hasta tu cabeza, por encima de ella y hacia abajo, alrededor de tu cuerpo. Cuando se establezca a la altura del medio tórax, hará remolinos rápidamente, como un vórtice. Espira enérgicamente y empújalo hacia arriba y afuera. Respira normalmente y observa.

Símbolo

Imagina una cruz transparente y hueca, tan grande como tú, con cuatro brazos iguales, estando el superior y los laterales abiertos por sus extremos. Acércatela y llénala con una sustancia brillante de color ámbar dorado.

Acción

Deja que un tubo conecte tu boca con el centro de la cruz, y aspira por él, tragántote todo lo amarillo, y dejando que baje hasta la base de la columna. Luego, sosteniendo la respiración, déjalo subir hasta la altura de las axilas. Obsérvalo todo. Espira y haz volver a la sustancia, por el tubo, dentro de la cruz. Para la segunda respiración, sigue la misma pauta que antes. Observa cualquier cambio que tenga lugar en ti y en la cruz o en la sustancia.

Resolución

La tercera vez, aspira como antes; pero cuando espires, expele la sustancia vigorosamente por los tres extremos abiertos de la cruz de modo que rocíe como un surtidor. Respira normalmente, pero continúa observando.

Símbolo

Visualiza un gran cáliz ante ti. Llénalo con un líquido azul oscuro y luego lleva la copa a tus labios.

Acción

Aspira lentamente, y mientras lo haces, bebe del cáliz, saboreando cada trago. Deja que la preciosa sustancia azul cobalto baje por la garganta dentro de tu cuerpo hasta que se almacene en la base de la columna. Cuando el cáliz se vacía, contén la respiración y el líquido en tu interior durante un momento. Observa toda la realimentación. Espira, y deja que el líquido se eleve y vuelva de nuevo a la copa. Observa todos los cambios que puedan haber ocurrido en el color y la textura de la sustancia y todas las reacciones físicas o emocionales que puedas haber experimentado. Aspira y espira de nuevo, repitiendo esta visualización.

Resolución

Con tu tercera respiración aspira enérgicamente todo el líquido de un trago, echándolo en la base de la columna. Haz una pausa. Cuando empieces a espirar, cierra la garganta y atragántate con el líquido mientras sube. Mantén esta posición cerrada durante un momento; luego, libera el líquido y déjalo salir. Cuando salga, tanto el cáliz como el líquido se disolverán en la nada. Cuando se haya acabado la disolución, repasa tus experiencias, observando tu total estado mental, físico y emocional.

Símbolo

Imagina que estás sentado en medio de una alta habitación que tiene el suelo en forma de estrella. Los seis ángulos de la estrella se llenan con una sustancia de color índigo.

Acción

Aspira profundamente y observa cómo tu cuerpo empieza a dar vueltas sobre sí mismo. Con cada aspiración, darás una vuelta completa (360°). Mientras gires, aspira todo el índigo de los ángulos de la habitación. Deja que la sustancia se pose en la base de tu columna. Al detenerte antes de espirar, tu cuerpo deja de girar y tú permites que el índigo suba a la altura de tu frente. Acuérdate de estar totalmente consciente de todos los sentimientos y sensaciones que experimentes durante este proceso. Espira, permitiendo que tu cuerpo dé vueltas en la dirección contraria, y expele el índigo dentro de los ángulos de la habitación. Repite este procedimiento completo en tu nueva respiración.

Resolución

En la tercera respiración, aspira vivamente y da vueltas como antes. Cuando espires, gira rápidamente en dirección contraria y expele el índigo fuera de la habitación, por el techo abierto. Verifica pasivamente de nuevo todas tus reacciones.

Símbolo

Tu cabeza es el cáliz de un capullo de loto, cuyos pétalos purpúreos se extienden sobre ti. Tu cuerpo es el tallo, que llega, a través del agua, al barro fresco que está debajo. Estás en reposo, de modo que el capullo está cerrado.

Acción

Aspira y siente el aire entrar por tu coronilla. Cuando aspiras, los pétalos del loto se extienden y el capullo se abre. Tu aspiración conduce al púrpura de orquídea del capullo hasta la base de la columna. Incluso las piernas te empiezan a hormiguear con la energía nutritiva que estás absorbiendo. Contén tu respiración y deja que el púrpura se pose durante un momento en el centro de tu frente. Espira y deja que el púrpura tiña de color los pétalos del loto, y recuerda los sentimientos y sensaciones que experimentes. Aspira y espira de nuevo con la misma pauta.

Resolución

Aspira por tercera vez, imaginando que el aire hace remolinos como un vórtice dentro de tu cuerpo con más intensidad y velocidad cada vez. Déjale que haga bajar remolineando el color púrpura por el tallo de tu cuerpo. Cuando este vórtice de energía alcance los dedos de los pies, cambiará de dirección y dará vueltas hacia arriba. Cuando ya gire por fuera de tu coronilla, esparcerá los pétalos del loto y te revelará el secreto guardado en el interior de la flor.

Cuando hayas completado esta sucesión de visualizaciones, permanece dentro de las experiencias que hayas tenido hasta que te venga a la mente la idea de despertar. Reconoce y confirma cuidadosamente todos los sentimientos, sensaciones y penetraciones que hayas observado durante la meditación. Luego despierta suavemente al mundo de tu alrededor, sintiéndote fortalecido y satisfecho por tu viaje. Tu cuerpo y tu mente se sentirán clarificados, iluminados, e incluso, quizás, hormigueando con la energía durante un rato después de despertar.

Este estado delicioso puede extenderse y experimentarse siempre, no sólo después de la meditación. Cuando podamos vivir nuestra vida con esta conciencia, habremos empezado a descubrir nuestra riqueza en recursos propios (uno de los fines de meditar creativamente, que será desarrollado en el capítulo 8).

8. Armonía de mente y cuerpo

La mente y el cuerpo son manifestaciones diferentes de la misma cosa: esta parte única del universo que eres tú. Pero hemos llegado a pensar en el cuerpo como vehículo físico de la mente y en la mente como el cerebro, que es el centro calculador de la compleja estructura muscular y nerviosa que recoge información acerca del mundo y reacciona a este mundo. Excentricidades menores aparte, todos los cerebros y todos los cuerpos son iguales. ¿Cómo justificamos, pues, el hecho de que todos seamos diferentes?

Algunos científicos dicen que nuestras diferencias surgen de las combinaciones únicas de la herencia genética, de experiencias sociales, culturales y físicas; y de instintos que forman vidas individuales. Un modelo mecánico así, parece incluirlo todo excepto la cualidad más importante del ser humano, ese aspecto que nos hace únicos a cada uno de nosotros: la capacidad de crear, de imaginar lo que no es, y de darle, luego, forma en el mundo. Creamos cada vez que percibimos conexiones entre sucesos, hechos o sentimientos que jamás habíamos notado antes, cada vez que experimentamos este instante de comprensión repentina o encontramos una nueva manera de hacer o producir algo bello. De hecho, hacemos muy pocas cosas que no giren sobre nuestra capacidad creativa.

Una máquina no puede crear, sólo puede imitar lo que ha aprendido y reaccionar de modos designados de antemano. Cuando aceptamos la idea de que nuestros cuerpos son máquinas cuyas funciones están determinadas por circunstancias externas, pronto nos volvemos «extraños en tierra extraña». Nuestros cuerpos quedan separados de nosotros, ajenos y amenazadores en potencia. No es de extrañar que empecemos a bloquear la energía, que nos apeguemos a cualquier situación que nos dé un refugio temporal de la conciencia de nuestro estado alienado. Cuando estamos apegados a una situación o a la perpetuación de determinados sentimientos o a la consecución de un fin específico, estamos dominados por ese apego; nuestras vidas ya no son autocreadas libremente, sino controladas por el deseo y el temor.

Más que ver nuestros cuerpos como entidades separadas, necesitamos percibir una relación entre la mente y el cuerpo. Y para que esta relación sea equilibrada, se necesita un fulcro en el que la tensión entre mente y cuerpo pueda ser equilibrada. Este fulcro es el alma, o el espíritu, el tercer aspecto de la naturaleza trina del ser humano. La definición funcional de este aspecto es que es el mirador desde el que percibimos el todo. Es la perspectiva que aprendemos a alcanzar cuando nos volvemos mediadores en la meditación y es el propósito que motiva y que dirige nuestra existencia. La mente y el cuerpo son los mundos en los que podemos experimentar, aprender y manifestar nuestras potencialidades creativas y entendernos a nosotros mismos como cocreadores del universo. Cuando nos hacemos conscientes de esta parte propositiva de nuestro ser, nos hacemos conscientes de nuestras almas, del espíritu en nuestro interior. Los contrarios, tales como la mente y el cuerpo, pueden entonces verse como dos caras de la misma moneda. Todas las partes de la creación están interconectadas. Dejamos de percibir el todo cuando nos identificamos con cualquiera de sus aspectos, tal como lo hacemos cuando nos identificamos a nosotros mismos con nuestras mentes cognoscitivas y racionales.

Para hacernos conscientes de nuevo, debemos desidentificarnos de lo que nos domina. Todas las técnicas de la meditación creativa pueden ayudarnos a hacernos conscientes de nuestros apegos y a cultivar así un estado de desapego. ¿Cómo nos desidentificamos? Elevamos nuestra mirada y apuntamos a nuestros propósitos más elevados, la razón de ser que percibimos cuando actuamos como mediadores en nuestras vidas. Paradójicamente, debemos atarnos a todo objetivo para liberarnos de nuestros actuales apegos limitadores.

Cuando nacemos, estamos unidos a nuestra madre, y estar unido es un aspecto fundamental de vivir. Crecer por encima de nuestros apegos es como escalar una montaña. Antes de dejar nuestro sostén en un pie, debemos asir el escalón siguiente. En otras palabras, debemos ver lo que está por delante y debemos estar deseosos de ir hacia ello, dejando atrás nuestro nivel actual. Este proceso nunca se acaba. A medida que crecemos o ascendemos más, imaginamos unas perspectivas más amplias y percibimos objetivos más plenos. Constantemente nos volvemos a apegar y somos dominados, así que debemos esforzarnos constantemente en liberarnos. Es mejor aceptar esto como una parte del ciclo de la vida, con el consuelo de que cada vez que superamos un apego nos hacemos más conscientes y menos vulnerables a la rigidez y a la enfermedad.

El apego y el estancamiento de energía son las principales causas de enfermedad. Indican que ya no estamos ejercitando nuestras capacidades creativas. Nos olvidamos de la vida creativa cuando caemos en la ilusión de un mundo determinado y mecánico. Empezamos a residir en nuestros cuerpos como si fueran algo fuera de nosotros mismos. Esta actitud conduce a una dualidad en la que mente y cuerpo están en guerra y nosotros somos las víctimas.

Cuando nos volvemos apegados y rígidos, podemos ponernos enfermos. Creo que todas las enfermedades provienen de una falta de coherencia y armonía entre la mente, el cuerpo y el espíritu, y de ahí, una falta de conciencia. El efecto acumulativo de muchas inhibiciones de éstas es la enfermedad.

Como una sociedad, empezamos a descubrir la implicación de la mente y el cuerpo y a aplicar esta penetración psicológica a uno de nuestros mayores problemas de salud: los trastornos relacionados con el estrés. La medicina psicosomática, la medicina del futuro, proporciona una perspectiva holística sobre la función de la enfermedad y de la salud en la evolución del individuo. Los trastornos relacionados con el estrés tienen lugar cuando una persona convierte su ansiedad en una disfunción fisiológica; esto es, cuando un desequilibrio mental o emocional es trasladado al plano físico. Este traslado sucede, generalmente, porque rehusamos reconocer o abordar el desequilibrio emocional. El cuerpo es, entonces, forzado a hacer el trabajo, porque la ansiedad no se va sólo porque pretendamos que no existe. Todos nosotros tenemos la capacidad de enfrentarnos con nuestras ansiedades y, una vez que somos conscientes de ellas, nos hacemos responsables de hacernos cargo de ellas. Sin embargo, demasiado a menudo parece más fácil no enfrentarnos con ellas en absoluto, que aceptar el reto de crecer.

La ansiedad es diferente del simple temor. Mientras que el temor es un reconocimiento de un peligro real, la ansiedad es una sensación de amenaza, una gran nube de posibilidades inciertas y amenazadoras. Una vez que el temor está identificado, puede, generalmente, ser disipado; pero la ansiedad es más difícil de definir y combatir, porque, a menudo, su origen no está en nada específico. Por lo general, la ansiedad surge como resultado de expectativas. Tenemos miedo de no estar a la altura de la norma o la pauta; ¿la norma de quién? Generalmente tratamos de vivir de acuerdo con las normas de otros, más que con las nuestras propias. Como somos ignorantes acerca de nosotros mismos, aceptamos las expectativas de otra gente sobre lo que se supone que debemos ser y hacer. Esto significa que tenemos que confiar en los demás para dar validez a nuestras vidas; estamos dirigidos más por las exigencias externas que por la propia visión interior. Todo esto puede invertirse cuando nos molestamos en aprender sobre nosotros mismos y nuestros propios valores.

Las experiencias centrales de la neurosis son el dolor de la ansiedad crónica y lo que hacemos para evitar este dolor. Todas las alteraciones psiquiátricas son los canales anormales usados por el organismo para evitar este dolor. Un canal anormal es la conversión de la ansiedad en desequilibrio fisiológico y psicológico, que es el principio autoperpetuante. Luego, la anormalidad desgasta el organismo y nos volvemos autodestructivos.

Nuestros cuerpos sufren muchos síntomas que son, en realidad, el resultado de reacciones a la ansiedad. Por ejemplo, hay disfunciones en las facultades sensitivas y motrices como el tartamudear. El tartamudo da órdenes a su facultad motriz de hablar, pero esta funciona mal. Muchos casos de ceguera y de sordera tienen la misma causa. La ansiedad puede entrar en nuestra percepción por un órgano particular, quizás el ojo o el oído, y de ese modo aprendemos (en detrimento nuestro) a excluirlo. La parálisis en la cara o en las extremidades está causada a menudo por la ansiedad reprimida. Síntomas menos serios son la conocida sensación de tener un nudo en la garganta, quizás hasta el punto de tener dificultad en tragar; rigidez en las articulaciones, tensión muscular y dolores en general.

De cualquier modo como se le pueda llamar y cualesquiera que sean sus orígenes y manifestaciones físicas, cada enfermedad tiene su origen en una falta de conciencia. Sea como sea, hemos perdido la conciencia de un aspecto importante de nosotros mismos: nuestra expresividad emocional, nuestro flujo físico de energía o necesidad de alimento o nuestra razón espiritual de ser. Si cualquiera de las tres dimensiones de la conciencia se reprime, se produce un desequilibrio y comienzan las disfunciones fisiológicas y psicológicas. La consecuencia más específica, directa e inevitable de la falta de conciencia la constituye el cáncer.

Veo el cáncer presente en toda persona, en su fase inicial, la de latencia. Para tener una idea de lo que es la latencia, piensa en tu propio conocimiento en autoconciencia. Todo el crecimiento que te es posible alcanzar existe ya, latente u oculto en tu organismo. Puede que esté oculto para tu mente consciente, pero está siempre vivo y activo en el paraconsciente. Permaneciendo en comunicación vital con tu paraconsciente, siempre sabrás en qué dirección creces. Pero si tu potencial de crecimiento permanece latente por tu rechazo a reconocerlo y desarrollarlo, se estanca. La energía estanca se convierte en una obstrucción que inhibe el flujo de las demás formas de energía de tu organismo. Esta inercia es lo bastante como para producir una condensación que afecte a tus procesos bioquímicos. La química del cuerpo empieza a producir células mutantes en vez de las normales, y el cáncer latente empieza a manifestarse.

Todo momento de nuestras vidas exige que cambiemos, pues el mundo cambia constantemente. Si no nos oponemos a la conciencia del cambio ni la reprimimos, crecemos en salud y nos conservamos en ella. Sólo cuando nos congelamos, cuando intentamos detener el flujo, es cuando el cambio termina en un funcionamiento anormal. Toda energía, facultad, capacidad o aspecto físico del cuerpo que se reprime y se usa, hace que la química del cuerpo produzca sustancias más densas de lo normal. Creo que el cáncer es un proceso de cuatro fases. La primera es la latencia y la segunda es esta densificación, que acaba con tumores benignos.

La fase una y la dos pueden usarse como retroacción, advirtiéndonos del estancamiento y de sus efectos potencialmente peores. No pienses que la habilidad de autoobservarse es alguna experiencia nueva que has de alcanzar a

158

costa de muchos esfuerzos. Tienes retroacciones continuamente, sólo que no les haces ningún caso. Por ejemplo, mientras lees esta página, algo de lo que digo puede que te irrite, y te coja dolor de cabeza o irritación en un ojo, o simplemente te sientas un poco incómodo. En algún lugar de tu organismo, mis palabras resuenan pero tú no eres consciente de ello, con lo que tu retroacción aparece como casual. No lo es. Cada vez que el latido de tu corazón cambia de repente, o sudes por motivos que no tienen que ver con el tiempo o el esfuerzo físico, o te empiecen a zumbar los oídos, date cuenta de que estas experiencias son retroacciones de tu estado interior. Si no las tienes en cuenta, has negado tu propia penetración psicológica. Entonces, tus células empiezan a perder la dirección, resultan descuidadas y comienzan a paralizarse.

Otro momento consciente de acción muy importante se presenta cuando, de pronto, dudas de ti mismo. Aun cuando puedas haber seguido tu propia guía durante años de forma admirable, puede que te encuentres de pronto siguiendo las ideas de otro, al compararte con alguien más. Este es el primer paso hacia la alienación de algunos aspectos tuyos. Una vez que la comunicación entre los tres aspectos de tu ser se interrumpe, la guerra interior comienza. Cuando las primeras señales de aviso son pasadas por alto o respondidas con reacciones represoras rigurosas, el cáncer pasa a la tercera fase, tumores malignos. Ahora, el cuerpo se ha convertido en una fábrica de reproducción de células mutantes, y otras funciones corporales empiezan a sufrir de una falta de nutrición y energía.

Entiendo que el cáncer es completamente curable en sus tres primeras fases. Ya la tienes y sólo has de aprender a explicarla. Esta cura es la conciencia. Descubre la parte de la mente, del cuerpo o del espíritu que se está durmiendo y necesita ser despertada. Puedes aprender a conectar de nuevo esta parte tuya al resto de tu cuerpo. En las fases iniciales esto significa sacar partido de la retroacción cerebral, puesto que el cerebro actúa como intérprete de las energías del paraconsciente y del inconsciente. Una persona iluminada no puede ser víctima del cáncer por muchas células cancerosas que le inyecten en su flujo sanguíneo. La conciencia cabal representa una inmunidad total frente a la enfermedad.

En este punto, la meditación creativa y las comprobaciones de chakra pueden facilitar la información esencial que necesitas para invertir el proceso degenerativo. Los efectos pueden ser sorprendentes cuando tienes la llave y la usas a conciencia para reconducir la energía, desbloquear las reservas y disolver el estancamiento. En mis propias experiencias de consejo, he visto a gente con síntomas graves de cáncer obtener una remisión total en cuestión de semanas. Una vez que el cáncer ha alcanzado la cuarta fase, sin embargo, y se ha desarrollado un grado más alto de malignidad, todo el sistema resulta a menudo mermado. Aun cuando todavía es posible invertir el curso del cáncer, el cuerpo está ya tan exhausto que no tiene fuerzas para aplicar al crecimiento de células nuevas y sanas. En un caso así, se requiere una asistencia exterior masiva, con biorretroacción, ejercicios de relajación, psicoterapia, etcétera.

La dificultad para regenerar el complejo mente-cuerpo enfermo debería alentarnos a tratar activamente de evitar la enfermedad, en primer lugar. La medicina psicosomática pone énfasis en la prevención. Todas las técnicas sugeridas en este libro para la meditación creativa, facilitan información clara y concisa sobre tu estado interior, así como ayuda para evitar el estancamiento de la energía.

Para la eficacia de estas prácticas de prevención de la enfermedad, necesitamos percibir que todas las partes del mundo están interrelacionadas entre sí. Desde esta perspectiva dejamos de preocuparnos por el proceso del flujo e intercambio continuos de la energía. Nada se pierde o se gana para siempre. Todas las formas y todas las experiencias aparecen, desaparecen y vuelven de nuevo. Esta es la naturaleza de la energía.

Cuando nos ponemos a pensar en nosotros como energía, es más fácil apreciar el alcance que debe tener nuestra interrelación con todo lo que existe. La energía no puede destruirse. Puede transformarse, pero la suma total de la energía universal no sufre disminución alguna. Cada partícula, cada mineral que encuentras en la tierra puede encontrarse en el cuerpo humano. Toda clase de energía de los reinos vegetal y animal de la tierra existe en el organismo humano en forma acomodada a la identidad humana.

Como humanos, tenemos la facultad de autotransformación, pero sólo después de haber comprobado nuestra relación con otras formas de vida. Incluso queriendo desconocer tu relación con la larga serie de formas de energía de la tierra, serás con todo afectado por ellas. No puedes interrumpir esta pauta de transformación masa-energía-masa, que es el universo.

Aun cuando te hagas consciente de la energía que te rodea, y aprendas a alterarla, interrumpirla o desviarla, no podrás ni destruirla ni crearla. Sí puedes, sin embargo, destruir y crear materia. Todo cambio implica el destruir una forma y el crear otra. No hay modo de crear sin destruir o de destruir sin crear. Recuerda que las palabras *destruir* y *crear* no son automáticamente negativa y positiva. ¿Qué dirás si creo una úlcera en mi cuerpo y destruyo al propio tiempo tejido sano para crear el tejido enfermo? ¿Lo verás como un desarrollo positivo? Es justo el proceso de curación al revés.

La destrucción y la creación se producen continuamente en un organismo. Al igual que son necesarios dos electrodos, uno positivo y otro negativo, para crear una corriente eléctrica, se necesitan elementos tanto positivos como negativos para iniciar una descarga de energía. Toda partícula de un organismo tiene sus atributos positivos y negativos, y cuando el organismo está sano, los dos están equilibrados.

Aquí es donde la conciencia o la consciencia pueden afectar a la interacción. Cuando sabemos qué estamos creando y por qué, tenemos una oportunidad mejor de alcanzar un desarrollo progresivo. Nada es positivo o negativo de forma innata. Somos afectados de un modo o de otro según lo que queremos o pensamos que queremos. Por ejemplo, si te insensibilizas a ti mismo para evitar sentir dolor o una emoción aterradora, ¿es este alivio del malestar algo positivo o negativo? Yo lo consideraría negativo, pues ha sido obtenido por un bloqueo de parte de tu experiencia y la resultante congelación del flujo de energía.

La salud puede definirse como un estado en el que las pautas o ritmos de energía de un organismo están regulados y pueden así fluir libremente. Existen también condiciones de existencia que superan con mucho todo lo que llamamos buena salud. Una vez que alcanzamos el estado de salud que se crea regulando conscientemente el flujo de energía, podemos obtener el acceso a enormes potenciales de existencia física. Por ejemplo, si nuestros centros de energía, o chakras, llegasen a actuar con su total capacidad, ya no necesitaríamos alimento físico y empezaríamos a evolucionar hacia organismos más avanzados. ¿Cómo es eso posible? Los chakras, funcionando con pleno rendimiento, pueden producir las sustancias químicas necesarias que el organismo precisa para crecer.

Si la inactividad o la densidad no restasen fuerza a las operaciones del cuerpo y la mente, toda la actividad se produciría a altos niveles de vibración. Por lo tanto, los principios nutritivos que el cuerpo precisa podrían también ser de forma sutil, tan sutil, en realidad, que podrían ser producidos a partir de fotones o de luz. Un cuerpo que alcanzase un estado de armonía más alto de lo que tenemos por simple salud, transformaría la luz en energía eléctrica en los chakras. Una nueva transformación tendría lugar entonces para convertir la energía eléctrica en la forma química que nutre a las células. Para completar el circuito, las sustancias químicas volverían a convertirse en energía eléctrica, que sería emitida por los chakras. En vez de obtener la energía a partir de fuentes secundarias, tales como animales o plantas, una persona en absoluta armonía la obtendría directamente,

162

a partir del sol, tal como las plantas lo hacen en la fotosíntesis.

Las pautas del sueño también cambiarían. La mayoría de la gente duerme muchas horas por la noche, pero muchos se sienten todavía cansados al despertar. Esto es debido a que, en realidad, no han descansado. Las ansiedades, los desequilibrios químicos y las emociones reprimidas que les hacen tener siempre una mala salud, les afectan aún más durante el sueño.

Si las manifestaciones que son congeladas o temidas se afrontan en la meditación creativa, pueden ser lo bastante resueltas como para que no te trastornen lo demás. Si te acuestas con el estómago lleno, el cuerpo debe trabajar para digerir el alimento mientras tú duermes, con lo cual tú te agitas, das vueltas, y te sientes incómodo. De forma semejante, si tu mente está llena de materias sin digerir: preocupaciones, penetraciones psicológicas bloqueadas, temores, tendrás igualmente noches sin descanso. Yo medito antes de dormirme para dar reposo a mi mente. De este modo, mi cuerpo puede sacar realmente provecho de su período de descanso y me despierto fresco después de dormir tan sólo unas horas cada noche.

En realidad, yo no limito mi meditación a una hora específica del día. La uso tan pronto como surge un problema. Entonces, puedo comunicarme con la mente paraconsciente y sacar provecho de sus recursos de intuición y penetración psicológica. En la fase pasiva de la meditación creativa, puedo contemplar la situación de forma objetiva y luego, poner el problema a un lado para dejar que la solución se presente. Siempre que activo un problema permitiendo que un flujo de penetración psicológica actúe recíprocamente con él, sé que la solución que busco no estará cargada de juicios punitivos o reactivos. Hemos de desapegarnos de nuestros problemas si tenemos que superarlos y resolverlos.

En el primer capítulo, describí unas cuantas de las capacidades más sensacionales que pueden manifestarse cuando nos volvemos conscientes de todas las funciones de nuestro cuerpo y nuestra mente, y no sólo de las racionales y voluntarias. He aprendido a ser consciente de la dinámica recíproca entre el cuerpo y la mente hasta el punto de que puedo dominar el flujo sanguíneo o demostrar pautas específicas de ondas cerebrales cuando quiero. Tú tienes estas capacidades potenciales en tu interior ahora mismo, y si has practicado los ejercicios de este libro, probablemente ya habrás empezado a experimentarlas.

Los principales provechos personales de la meditación creativa son estos: el aprender a regular las funciones involuntarias para poder gozar de mejor salud, el resolver problemas con mayor creatividad y el mantener una perspectiva que te permita comprender tu vida y obtener tranquilidad de ánimo. Pero hay más efectos aún. Si dispongo de un cuerpo sano y de una mente activa y sin trabas, y si sé dónde se origina mi energía, y cómo opera, disfrutaré más de la vida. Seré también una alegría para los demás porque verán que esto es posible. Cuando sólo percibimos los lados negativos de la vida y estamos sujetos por nuestros temores y deseos, nos hacemos la competencia unos a otros. Este es un tipo de alienación personal que mucha gente del mundo sufre. Pero si yo comparto contigo lo que soy, ya no tengo necesidad de competir contigo. Este compartir es lo contrario del narcisismo, y representa un flujo de energía tan saludable para la sociedad como lo es para el individuo.

No hay necesidad, después de todo, de demostrar la propia valía negando la de los demás. Todos somos iguales porque cada uno de nosotros es esencial para la vida del otro. Cada persona tiene un papel único y perfecto en el esquema del universo. Cuando comprendemos esto, empezamos a comprender el sentido de la igualdad. Experimentamos también este tipo de amor universal que abarca todas las variaciones de expresión que constituyen nuestro mundo y no escoge algunas partes y rechaza otras.

He sugerido que nuestra salud es el barómetro de nuestra conciencia de todos los aspectos de nuestro ser. Por el autoanálisis creativo, podemos aprender a regularnos a nosotros mismos y alcanzar una mayor armonía. Sin embargo, al alcanzar esta conciencia más elevada, asumimos también una mayor responsabilidad. Yo lo expreso así: mientras estoy en este mundo, debo servir al mundo para servirme a mí mismo. Yo me veo a «mí mismo» como constituyendo la «humanidad», y no sólo el individuo que «yo soy». Nuestro deber es, pues, el de realizarnos nosotros mismos por todos los demás sujetos, como una unidad cuerpo-mente-espíritu, para expresar conscientemente un aspecto del universo.

Esta obra se terminó de imprimir
el día 19 de enero de 1988
en los talleres de
Tipográfica Barsa, S.A.
Pino 343 Local 71-72 México 4, D.F.
La edición consta de 1 000 ejemplares

LOS SECRETOS DE LOS SUEÑOS
Román Cano

Una obra que permite utilizar los mensajes de los sueños para nuestro propio beneficio. ¡Resuelva sus problemas durmiendo!

EL ARTE DE ECHAR LAS CARTAS
Emilio Salas

Un libro dedicado exclusivamente a la baraja española. Con un poco de sensibilidad y este sencillo manual de entrenamiento, puede usted convertirse en un adivino.

CONOCE A TU HIJO POR LA ASTROLOGIA
Dodie y Allan Edmands

La comprensión de los niños a través de la Astrología. La explicación de cada uno de los "doce signos infantiles".

¡Compruebe sus habilidades psíquicas!

Manual de experimentos parapsíquicos I.
Sheila Ostrander
Lynn Schroeder

Un clásico de la parapsicología.
Uno de los libros que más ha hecho por esta ciencia al descubrir sus infinitas posibilidades al profano.
Con centenares de experimentos que usted puede realizar en su propio hogar.
Incluye comunicador telepático.

Manual de experimentos parapsíquicos II.
William Jon Watkins

¡Nuevos y más sencillos experimentos!
Más de un centenar de experimentos fascinantes —que usted podrá realizar personalmente— sobre los fenómenos psíquicos.
Abarcando gran número de temas, cada capítulo describe los pasos precisos para que el lector compruebe hasta dónde pueden llegar sus facultades.

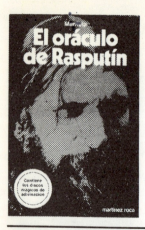

EL ORACULO DE RASPUTIN
Manteia

Un sistema mágico de adivinación. El Oráculo da la respuesta a todas las preguntas que usted le formule.

Con cada ejemplar se entregan los "discos mágicos".

LA PROFESION EN SU MANO
René Butler

Su oficio, su profesión o su carrera están escrito en sus manos. Su aspecto, sus dimensiones, sus signos y líneas se lo dirán.

DICCIONARIO DE LAS ARTES ADIVINATORIAS
Gwen Le Scouézec

Todas las artes adivinatorias reunidas en un solo volumen. Con dos importantes anexos sobre parapsicología y adivinación, y plantas alucinógenas adivinatorias.